# 하나님의 나라

참 진 리 와  영 생 을  앙 망 하 는
신 자 들 의  필 독 서

| 강소망 지음 |

Q 쿰란출판사

/ 머리말 /

　시편의 기자는 성령의 감동을 받아 이르길 여호와여 주의 장막에 유할 자 누구오며 주의 성산에 거할 자 누구오니이까 정직하게 행하며 공의를 일삼으며 그 마음에 진실을 말하며 그 혀로 참소치 아니하고 그 벗에게 행악지 아니하며 그 이웃을 훼방치 아니하며 그 눈은 망령된 자를 멸시하며 여호와를 두려워하는 자를 존대하며 그 마음에 서원한 것은 해로울지라도 변치 아니하며 변리로 대금치 아니하며 뇌물을 받고 무죄한 자를 해치 아니하는 자니 이런 일을 행하는 자는 영영히 요동치 아니하리이다고 하였습니다.
　정직하게 행하며 공의를 행하라는 말은 주로 구약에서 많이 나오기 때문에 율법적인 말처럼 들리기도 합니다. 신약시대에 주어진 구원은 너무나도 큰 깨달음이기 때문에 정의나 공의는 사람들이 이 깨달음을 얻기 전까지 어긋나지 않도록 돌봐주는 도덕심 정도로 이해될 수도 있습니다.
　우리는 세상의 도덕심을 넘어 예수의 진리와 구원까지 깨달은 성도들이지만 세상은 교회를 그렇게 보고 있지 않은 듯합니다. 우리나라에서는 이미 교회가 종교집단이 아니고 기득권을 지키려는 이익집단이라고 생각하는 사람들이 많습니다. 이는 결코 간과할 일이 아닙니다. 구약시대에 이스라엘이 종교집단에서 이익집단으로 전락했을 때 하나님은 그들을 심판하셨습니다. 세상이 성도들을 이익집단이라고 생각하는 것은 성도들이 일요일에 교회를 잘 나가지 않거나 새벽기도를 잘 나가지 않기 때문은 아닌 것 같습니다. 오히려 성도들이 공의를 행하지 않고 세상 사람보다 더 세상의 법칙을 잘 따라 하며 이를 통해 얻은 재물과 지위를 하나님의 복이라고 말하고 다니기 때문이 아닐까하는 생각을 해 봅니다.

　대한민국 사회는 점점 성숙해 가면서 정의와 소통을 우리가 추구해야 할 가치로 삼아가고 있습니다. 불의와 신분제도로 백성이 괴로워하던 시절에 기독교가 와서 정의와 소통을 가르쳤는데 지금은 세상이 교회를 향해 정의와 소통이 없다고 비난하고 있으니 아이러니합니다. 세상이 교회에게 정의를 묻자 교회가 이르길 구원은 행함에서 오지 않고 믿음에서 온다고 하고, 세상이 교회에게 소통을 묻자 교회가 이르길 복음 외에는 말할 것이 없다고 하니 세상이 보기에는 교회가 참 답답해 보이지 않겠습니까.

　대한민국 사회가 성숙해졌듯이 우리나라의 교회도 그동안 성숙해졌음을 확신합니다. 하나님이 주시는 복만 강조하지 않고 우리가 우리의 십자가를 지고 예수를 따라야 함을 강조하는 말씀도 많이 들립니다. 말없이 영광 없이 봉사하시는 성도님들도 곳곳에 많이 계십니다. 그러나 우리에게 시간이 그렇게 많이 남아있다고 생각되지 않습니다. 하나님은 오래 기다리기로 유명한 분이시긴 하나 때가 찼는데도 어린 아이와 같이 있을 땐 촛대를 바로 옮기시는 분입니다. 이 책이 독자로 하여금 성숙한 신앙에 대해 다시 한 번 생각하게 만들고 그리스도인이 담당해야 할 빛과 소금의 역할에 대해 다시 한번 숙고하게 만드는 작은 계기가 되길 삼가 소망해 봅니다.

    끝으로 출판을 흔쾌히 허락해 주신 쿰란출판사 대표 이형규 장로님과 출판 과정에서 노고를 아끼지 않으셨던 직원 여러분께 심심한 감사를 표합니다.

2017년 5월

강소망

/ 차례 /

머리말 _2

**제1장 하나님의 나라** ················· 7

**제2장 하나님의 사랑** ················· 33

**제3장 하나님의 공의** ················· 117

하나님의
나라

제1장

# 하나님의 나라

•• 하나님 나라의 백성은 모두 예수의 피로 속죄함을 받고 마음과 뜻과 정성을 다하여 하나님을 힘써 사랑하고 이웃을 내 몸과 같이 사랑하는 사람들입니다. 이러한 자들은 율법을 완성한 자들이니 하나님은 선지자들을 통해 마음에 할례를 받은 자들은 곧 공의를 펼치고 긍휼을 베풀 것이라 하셨습니다. 또한 예수를 통해 이러한 자들에게 말씀하시길 너희는 세상의 빛과 소금이니 너희의 착한 행실을 보고 세상이 하나님께 영광을 돌리게 하라고 하셨습니다. 그러므로 하나님을 사랑하고 이웃을 사랑하는 성도들이 살고 있는 곳에서는 성도들의 착한 행실을 통해 공의롭고 긍휼이 넘치는 사회가 만들어져야 합니다. 이러한 사회에서는 하나님을 믿지 않고 세상에 속한 사

람들까지도 성도들을 통해 공의와 긍휼을 배우고 따라하며 즐거워하게 됩니다.

공의롭고 긍휼이 넘치는 사회를 건설함은 구원을 말하는 어린 믿음에서 벗어나 성숙한 믿음과 온전한 사랑을 갖게 된 성도들이 맺게 되는 당연한 열매입니다. 인구의 오분의 일이 하나님을 믿는 성도인데도 불구하고 그들의 나라에서 공의와 긍휼을 찾아볼 수 없어 하나님을 믿지 않는 사람들이 고통스러워한다면 그 나라의 성도들은 아직도 구원의 도에 머무르는 어린 믿음을 가진 자들이요 정의와 사랑을 말하면서도 실천하지 않고 세상과 타협하는 신앙인들입니다.

하나님의 나라는 예수가 다시 오실 때 하늘에서 내려올 것이라고 생각하지 마십시오. 이 타락한 세상에서 나만 믿음을 지켜 말세에 하늘에서 내려올 천국에 들어가는 것이 신앙의 목적이라고 생각하지 마십시오. 말세에 찾아올 새 하늘과 새 땅만이 천국이 아니니 천국은 우리의 마음에 있은즉 예수가 복음을 선포할 때부터 이미 천국의 씨앗은 뿌려졌고 우리가 살고 있는 이 땅에 벌써 하나님의 나라는 시작되었습니다.

하나님 우편에서 예수가 준비하는 천국은 우리의 안식을 위한 것이요 이 땅의 천국은 우리의 책망과 교훈을 위한 것입니다. 우리가 공의와 긍휼이 넘치는 사회를 건설함은 사람의 의를 따르기 위함이 아니요 오직 하나님의 명령을 따르기 위함이니 곧 그리스도 예수 안에서 우리의 사랑이 장성한 분량에 이르게 하며 하나님의 경륜에 따라 모든 것이 합하여 선을 이루게 하려함입니다.

세상에 구원의 복음은 전하지 않고 공의와 긍휼만을 가르치면 어찌 할꼬 걱정하지 마십시오. 한 영혼을 구원하려고 온 천하를 헤매어 찾아내서는 결국 세상과 타협하는 자신과 같은 사람으로 만든다면 어찌 하나님을 기쁘시게 할 수 있겠습니까. 예수 천당만 외쳐도 전도가 되는 때가 있고 찾아낸 영혼이 공의와 긍휼이 넘치는 공동체에서 먹고 마시고 듣고 실천을 배울 때 성령이 그의 마음속에 역사하실 때가 있습니다. 이는 그 찾아낸 새 영혼뿐만 아니요 이미 예수를 믿고 있는 성도들이 그들의 사랑을 예수의 장성한 분량에까지 자라게 하여 구원에 이르게 하려는 하나님의 책망이요 은혜입니다.

하나님의 나라는 좋은 씨를 제 밭에 뿌린 사람과 같으니 씨를 뿌린 후에 알곡과 가라지가 같이 자라나나 이를 뽑지 않고 가만두다가 예수가 다시 와서 심판하실 때 알곡과 가라지가 갈릴 것입니다. 그러므로 심판이 임하기 전까지는 가라지도 알곡과 함께 한 사회에서 그리고 한 공동체에서 같이 생활할 것이요 그 해를 선인과 악인에게 비추시며 비를 의로운 자와 불의한 자에게도 내리시는 하나님의 공의로운 보호를 받을 것입니다.

가라지는 하나님의 저주 아래 있으니 나는 그들을 사랑할 수 없다고 하지 마십시오. 예수는 우리가 하나님과 원수 되었을 때 우리를 위해 죽으셨고 아브라함은 소돔과 고모라를 위해 하나님과 협상을 했으며 모세는 목이 곧은 백성 이스라엘을 하나님의 진노로부터 지키기 위해 자신의 목숨을 걸고 하나님께 도전하였습니다. 요나를 통해 니느웨를 회개시키신 하나님을 기억하십시오. 비록 창세전에 하나님이 가라지를 가라지로 정하셨다 하여도 의인의 기도는 하나님의 뜻을 돌리게 하며 죄인에 대한 의인의 사랑은 하나님을 기쁘시게 합니다. 창세전에 정한 하나님의 예정을 어찌 우리의 뜻으로 바꿀 수 있으리오 그리하면 하나님께 불순종하는 것이 아니냐 하지 마십시오. 다윗과 솔로몬이 아브라함의 자손이 됨이 창세전에 정해졌더라도 하나님은 돌에서도 아브라함의 자손을 만드실 수 있습니다.

불의한 가인에게 의로운 아벨을 지키지 아니하였다고 책망하셨던 하나님이 하물며 예수로 거듭난 의인들이 하나님을 알지 못해 좌우를 분변하지 못하는 세상 사람들을 돌보지 아니함을 책망하지 아니하시겠습니까. 세상 사람들을 돌보기 위해서는 그들을 사랑하는 마음으로 자신의 십자가를 지고 자기를 희생하여 공의가 굽고 긍휼이 땅에 떨어져 강퍅해진 사회를 다시 공의롭고 긍휼이 넘치는 사회로 만들어야 합니다.

　가나안 땅과 천국을 상고하십시오. 가나안 땅은 아브라함과 그의 자손에게 주신 하나님의 약속에 기초하였으나 그들이 그곳에서 여호와의 규례와 법도를 지키지 못했을 때 땅을 지키지 못하고 결국 이방 나라로 흩어졌습니다. 가나안 땅은 천국의 그림자이니 이스라엘의 멸망은 자격이 되지 않는 자는 결코 하나님 나라에 들어가지 못함을 말해주는 것입니다. 예수가 약속한 천국은 믿음으로 들어가는 것이니 가나안 땅과는 다르다고 생각하지 마십시오. 천국도 반드시 공의와 긍휼을 행하는 자만 들어갈 것이요 이 땅에서 살아있는 동안 하나님의 나라를 소망하고 실천하지 아니한 사람은 들어가지 못할 것입니다.
　공의와 긍휼을 행함은 행위이니 믿음이 주는 구원과는 상관없다 하지 마십시오. 여호와의 생명책에 기록되지 아니한 사람은 결코 공의와 긍휼을 행할 수 없으며 공의와 긍휼을 행하지 아니하는 사람은 예수를 믿는다 할 수 없으니 포도나무 가지 위에 무화과를 걸어 놓았다고 포도나무가 무화과나무가 되지 아니함과 같고 무화과 열매 맺기를 귀찮게 여기는 나무는 무화과나무가 아닌 것과 같습니다. 예수를 믿는 자들에게 주신 천국의 약속은 곧 예수의 간구하심과 성령의 이끄심으로 이들이 기필코는 공의와 긍휼의 열매를 맺어 천국에 갈 자격을 얻게 만들 것이라는 약속입니다. 그런즉 이 약속을 믿는 자마다 어찌 공의와 긍휼을 행하라는 말씀을 들을 때 마음을 강퍅하게 하겠습니까.

∙∙ 예수로 말미암은 하나님 나라의 첫 열매는 성도의 모임 즉 교회인즉 성도의 모임에서 하나님 나라가 먼저 세워져야 합니다. 성도의 모임이 하나님의 나라로 성장하지 못하게 하는 걸림돌은 헛된 것을 섬기는 성도의 마음이니 첫째는 이생의 자랑이요 둘째는 신앙의 교만입니다. 성도들이 입으로는 하나님을 말하여도 마음으로는 이생의 자랑과 신앙의 높낮이로 서로를 판단한다면 하나님의 나라는 세워지지 않습니다. 성도의 모임 안에서도 이생의 자랑과 신앙의 교만이 주는 유혹은 우는 사자와 같이 우리 주위를 맴도는지라 결코 사소한 것이 아닙니다. 예수는 이 유혹에서 벗어나기 위한 단 하나의 무기를 알려주셨으니 곧 말씀하시되 내가 너희를 사랑한 것같이 너희도 서

로 사랑하라 하셨습니다.

　이 말씀은 예수의 제자들이 누가 더 높은가 서로 다투는 것을 보고 예수가 잠시 하신 말이 아닙니다. 이스라엘 족속이 하나님으로부터 젖과 꿀이 흐르는 땅 가나안을 기업으로 받고 세상 어느 족속도 알지 못했던 공의로운 규례와 법도 곧 모세의 율법을 받고도 하나님 나라를 세우지 못했음이 그들 안에 서로 사랑하는 마음이 없었기 때문임을 말씀한 것입니다. 택하심을 받은 의인들이 서로 사랑해야 함은 예수가 제자에게 처음으로 준 명령이 아니요 이미 여호와가 이스라엘 백성에게 준 명령이었습니다.

　이스라엘 족속 간에 이생의 자랑은 야곱의 육신적인 사랑과 요셉의 업적이었으니 야곱이 육신의 정욕으로 사랑한 라헬에서 난 자식과 야곱이 사랑치 아니한 레아에서 난 자식 간의 싸움이었고 또한 라헬이 낳은 요셉과 그 외의 자식 간의 시기와 싸움이었습니다. 이스라엘은 세상을 향해 세워진 첫 교회였으나 이 싸움으로 인해 하나님의 공의와 긍휼을 세상에 전하지 못하였을 뿐 아니라 가나안 땅에서도 하나님 나라가 세워지지 못하였습니다.

　이 싸움은 곧 베냐민 족속 사울과 유다 족속 다윗 간의 싸움이요 에브라임 족속 느밧의 아들 여로보암과 유다 족속 솔로몬의 아들 르호보암 간의 싸움입니다. 공의와 긍휼을 외치는 율법을 받고도 베냐민과 요셉 족속은 그들의 조상 야곱이 자신들의 어머니를 더욱 사랑하였음과 요셉의 업적을 들어 다른 형제 위에 서려고 했으며 레아의 몸에서 난 유다 족속을 하나님이 택하셨다는 이유로 더욱 핍박하였습니다. 하나님의 말씀보다 육신의 정욕에 따라 만들어진 족보를 앞세운 그들은 결국 여호와 앞에서 모든 가증한 죄를 행하여 이방 나라로 흩어지는 벌을 받았습니다.

그러나 하나님은 말씀하시길 에브라임의 질투는 없어지고 유다를 괴롭게 하던 자들은 끊어지며 에브라임은 유다를 질투하지 아니하며 유다는 에브라임을 괴롭게 하지 아니할 것이라고 하셨습니다. 또 선지자에게 이르시길 너는 막대기 하나를 가져다가 그 위에 유다와 그 짝 이스라엘 자손이라 쓰고 또 다른 막대기 하나를 가지고 그 위에 에브라임의 막대기 곧 요셉과 그 짝 이스라엘 온 족속이라 쓰고 그 막대기들을 서로 합하여 하나가 되게 하라 네 손에서 둘이 하나가 되리라고 하셨습니다. 곧 야곱의 육신의 정욕과 요셉의 유산을 하나님의 말씀보다 더 높게 여겨 두 마음으로 갈라진 야곱의 자손들을 다시 연합하게 하신 것입니다.

하나님이 이스라엘 백성을 포로로 잡혀갔었던 이방 땅에서 가나안으로 다시 돌아오게 하시고 유다와 요셉을 합하여 회복시키시자 그들은 예전과는 다르게 변하였습니다. 이방 땅에 흩어짐의 책망을 받은 이스라엘 백성들은 이 재앙이 우리에게 내림은 우리

하나님이 우리 가운데에 계시지 않은 까닭이 아니냐 하며 이전처럼 바알에게 절하기를 더 이상 구하지 아니하고 가나안에 돌아온 모두가 여호와를 다시 찾게 되었습니다. 그들이 다시는 각기 이웃과 형제를 가리켜 이르기를 너는 여호와를 알라 하지 아니하였고 작은 자로부터 큰 자까지 다 하나님 앞에 나왔습니다.

그럼에도 불구하고 그들의 헛된 마음은 사라지지 않았습니다. 재앙 전에 그들이 족보에 빗댄 이생의 자랑을 하나님보다 앞에 두었다면 이제는 누가 더 여호와를 많이 알며 누가 더 여호와 앞에 거룩하냐를 가지고 자신들의 마음에 교만을 쌓은 것입니다. 종교 지도자들을 중심으로 다시 키워진 신앙 안에서의 교만은 결국 하나님의 아들이 이 땅에 오시자 그의 가르침을 시기하여 그를 십자가에 못 박는 범죄로 확연히 드러났습니다. 사탄이 이브를 유혹할 때부터 시작된 이 신앙 안에서의 교만은 모든 사람들 속에 있는 죄성이니 결국 그 끝은 내가 옳다 하기 위해 하나님이 틀렸다 하는 모습입니다.

예수는 제자들 사이에서도 저희 선조들의 죄 곧 이생의 자랑과 신앙의 교만이 다시 싹트고 있음을 보시고 내가 너희를 사랑한 것과 같이 너희도 서로 사랑하라고 말씀하신 것입니다. 그런즉 신앙 안에서 교만해지려는 유혹을 물리칠 수 있는 우리의 무기는 오직 이것이니 주가 우리를 사랑하신 것같이 우리도 서로 사랑하는 것입니다.

　사랑은 율법의 완성이요 곧 신앙의 완성이니 어찌 하여야 나의 성결함이 이웃보다 완벽해져 하나님을 뵙게 될꼬 어찌 하여야 나의 믿음이 이웃보다 커져 산을 옮길꼬 하는 마음을 품지 마십시오. 이러한 마음의 생각은 우리의 신앙을 사랑으로부터 더욱 멀어지게 하여 어린 신앙에 머무르게 하며 우리가 빛과 소금이 되지 못하게 합니다. 산을 옮길 만한 모든 믿음이 있을지라도 사랑이 없으면 내가 아무것도 아니요 내게 있는 모든 것으로 구제하고 내 몸을 불사르게 내줄지라도 사랑이 없으면 내게 아무 유익이 없습니다. 사랑은 보답을 바라고 하는 것이 아니요 오직 하나님은 사랑이심을 깨달아 하는 것이니 사랑에는 거짓이 없습니다.

　이스라엘 교회는 오늘날 그리스도 교회의 상징이요 경고이니 성도 간에 이생의 자랑과 신앙의 교만에 대한 경고입니다. 시기와 교만으로 성도의 마음이 어두워진 교회는 세상에게 공의와 긍휼을 전파할 수 없을 뿐만 아니라 교회 안에서도 하나님의 나라를 건설할 수 없습니다. 그런즉 이제 이웃과의 헛된 경주를 멈추고 이웃에 대한 사랑으로 빨리 눈과 마음을 돌리십시오. 그것이 진정 그리스도 교회를 하나님의 나라로 건설하는 길이요 하나님이 우리의 성결한 마음과 기도와 눈물과 실천을 통해 우리가 속한 사회를 공의롭고 긍휼이 넘치는 하나님의 나라로 거듭나게 하시는 하나님의 방법입니다.

이와 같이 하나님의 나라로 성장해가는 성도의 모임에서는 이생의 자랑이 순종의 권능과 사랑의 힘을 이기지 못하나니 내 자식의 진학과 내 남편의 승진보다 세상에서 정직하게 일함으로 세상으로부터 핍박받음을 더 귀하게 여기기 때문이요 성도 간의 사랑으로 아무도 그의 곤경을 은밀히 기뻐하며 배를 두드리지 않고 오히려 필요한 것을 나누어 도우니 마귀가 더 이상 성도의 모임에서 하나님의 나라가 선포됨을 훼방치 못하기 때문입니다. 또한 이들은 핍박하는 세상을 저주하지 않고 오히려 함께 모여 세상이 하나님을 두려워하는 마음을 갖게 되고 세상에서 공의와 긍휼이 다시 세워지며 세상이 구원에 이르기까지를 하나님께 눈물로 기도하니 하나님께서 이들에게 능력에 능력을 더하셔서 선으로 악을 이기게 하시며 여호와의 의로 세상의 권세 잡은 자를 부끄럽게 하실 것입니다.

또한 하나님 나라를 세우는 성도의 모임에서는 하나님이 자신에게 주신 말씀을 빌미로 다른 성도를 판단하거나 무리를 지어 교회를 가르는데 앞장서지 아니하며 나의 주장에 반하는 성도들 앞에서도 성내지 아니하고 겸손함으로 그의 말을 경청합니다. 이는 내가 신앙 안에서 교만함을 나 스스로 알기 때문이요 하나님은 이웃을 통해 내 신앙의 교만을 잠재우려 하심을 알기 때문입니다. 한 의인의 허물을 책망하기 위해 하나님이 다른 의인을 보낼 때 그 다른 의인은 허물 있는 의인을 위해 먼저 용서를 빌며 기도합니다. 그러기에 하나님은 안심하시고 그 의인을 보내시는 것입니다. 그러나 자신이 하나님의 보내심을 받았음을 빌미로 허물 있는 의인에게 그동안 품었던 자신의 모든 감정을 담아 그를 내리칠 때 하나님은 그 모습이 바로 그 보내심 받은 사람이 악하다는 증거로 삼으시고 보응하십니다. 그것이 바로 이스라엘을 책망하라고 보냈던 앗수르에게 내린 판결이요 바빌론에게 주신 심판이었습니다.

이처럼 성도의 모임에서 하나님의 나라가 세워지는 것은 이생의 자랑과 신앙의 교만으로 교회를 무너뜨리려는 마귀의 유혹을 오직 성도 간의 사랑으로 이기며 말씀에 순종하는 삶을 살아갈 때 가능한 것이니 세상의 권세와 죽음을 두려워하여 세상의 풍습을 부끄럽게 따라가던 이들도 성도의 행실을 목도하며 하나님께 영광을 돌리게 될 것입니다. 하나님의 나라가 세상에까지 확장되는 것 또한 성도 간의 사랑으로 시작되었다고 할 것인즉 이르시되 너희가 서로 사랑하면 이로써 모든 사람이 너희가 내 제자인 줄 알리라 하셨습니다.

# 3

　　•• 하나님의 나라는 우리의 죄를 사하신 예수의 죽음을 믿을 뿐만 아니라 예수의 부활도 믿는 믿음 위에 세워진 나라입니다. 이는 예수가 죽음을 이기고 부활하여 하나님 우편에 앉아계신 것처럼 우리도 하나님과 다시 화목하여졌음을 믿을 때 우리가 세상을 긍휼이 여기며 담대히 사랑할 수 있기 때문입니다.

　예수가 죽으심은 속죄제를 단번에 이루어 우리의 죄를 사하기 위함이요 예수가 죽음에서 다시 살아나심은 화목제가 가져온 열매이니 곧 우리도 하나님과 다시 화목하게 만들기 위함입니다. 소와 염소와 양으로 드리던 화목제도 하나님과의 화목을 기뻐하기 위함이요 세상과의 화목을 위해 드린 것이 아니었던 것과 같이 화목제가 되신 예수도 부활 후에 세상의 우편에 앉은 것이 아니요 하나님 우편에 앉아계십니다. 우리도 부활하신 예수를 믿음으로 말미암아 죄와 화목하게 된 것이 아니라 하나님과 화목하게 되었으니 그러므로 우리가 예수로 말미암아 율법에 대하여 죽고 은혜의 법 아래에서 살게 되었다고 해서 마음대로 죄를 지으며 살지 않습니다. 하나님과 화목하게 되었은즉 거룩하신 하나님과 화목하게 된 자가 어찌 자신의 범죄함을 자유함이라고 하겠습니까. 자유함은 죄를 선택하지 않을 자유임을 우리가 믿음으로 알고 있습니다.

또한 하나님이 죄가 없이 거룩하심은 율법이 정한바가 아니요 율법 이전에도 거룩하시고 율법 없이도 거룩하시니 예수의 부활을 믿는 사람들이 생명 가운데 행함은 율법으로 돌아감이 아니요 하나님이 태초에 보이셨던 그의 성품으로 돌아감입니다. 그러므로 우리가 예수의 부활을 믿은 후 육신을 따르지 않고 영을 따라 행하는 것은 율법 조문의 묵은 것에 묶여 있기 때문도 아니요 영생을 얻기 위한 우리의 수고도 아닙니다. 오직 죽음에서 살아나신 예수를 믿는 믿음의 열매이요 하나님과 화목하게 되었음의 징표이니 영생은 믿는 자에게 주시는 하나님의 은사인 것입니다. 이처럼 예수의 부활을 믿고 하나님과 화목케 된 자들은 더 이상 세상에 속하지 않고 하나님께 속하였으니 그 첫 증거는 죄와 멀어지고 영생을 얻는 것입니다.

아담이 선악과를 먹고 범죄함으로 말미암아 하나님과의 화목이 깨지고 죽음이 세상에 들어오게 되자 하나님은 아담과 이브를 에덴에서 몰아내심과 함께 생명나무를 화염검으로 지키게 하셨습니다. 이는 아담은 사탄과 같이 정죄의 대상이 아니고 구원의 대상임을 알게 하는 하나님의 약속이요 은혜였습니다. 죄인에게 생명나무의 상징은 이러하니 하나님의 거룩과 단절되었고 자신의 죄를 애통해 하지도 않는 죄인이 생명나무의 열매를 먹고 영원히 살게 된다면 그는 죽지 않는 악인이 됨이요 곧 사탄과 같이 됨이라. 구원의 대상이 되는 죄인은 생명을 만지지 못하고 반드시 죽어야 했습니다.

노아 이후 사람들에게 피를 마시지 못하게 하셨으며 율법을 통해 이스라엘에게도 피를 마시지 못하게 하셨으니 피는 곧 생명이라. 피를 금하는 하나님의 명령은 죄를 지은 인간이 생명을 만지지 못하게 하는 것이므로 이는 곧 하나님은 인간을 꼭 구원하시겠다는 약속이었습니다. 제물은 꼭 정해진 곳 여호와 앞에서만 잡아야 했으니 피는 생명이어서 또한 죄를 속하는지라 죄인을 살리시는 여호와의 영광 앞에서 뿌려져야만 정하다하였습니다.

그러나 예수로 말미암아 우리가 받은 은혜는 이와 같지 않으니 예수는 피에 대한 율법의 금기를 폐하시고 자신의 피를 우리에게 마시라고 하셨음이라. 자신이 부활하여 영원한 생명을 받을 것이 아니면 예수가 우리에게 생명의 상징인 피를 마시라고 하지도 않았을 것이요 이제 하나님과 화목하게 된 우리들도 부활하신 예수처럼 생명을 만지고 품어 영생을 얻어도 사탄과 같이 변하지 않도록 하나님이 지키실 것임을 예수는 확신하셨기 때문입니다.

그러한즉 예수의 피를 마심과 같이 에덴의 생명나무 열매를 먹고 영생을 얻을 우리들이 죄를 택하는 것이 우리의 자유라고 어찌 스스로를 속이겠습니까. 예수의 피로 죄 사함을 받고 예수의 부활을 따라 하나님과 이웃을 사랑하며 생명의 길로 행하는 자만이 예수의 피 곧 생명나무의 열매를 먹었을 때 가증한 것으로 변하지 아니하고 하나님과 함께 영원히 살 것이라 함이 옳지 않습니까.

또한 예수는 우리에게 자신의 살을 먹으라고 했습니다. 속죄제와 화목제 예물은 지극히 거룩하여 율법이 정하는 바에 따라 예물의 일부분을 일정한 곳에서 일정한 시기에 제사장이 함께 먹어야 되었은즉 우리가 예수의 살을 먹음은 곧 예수를 예물로 삼은 속죄제와 화목제에 우리가 제사장으로 참여했음을 뜻합니다. 이로써 하나님과 화목하게 되었으므로 그 증거는 우리와 화목해진 하나님이 우리에게 성령으로 오신 것입니다.

이처럼 예수의 부활을 믿고 하나님과 화목케 되어 영생을 얻을 자들은 더 이상 세상에 속하지 않고 하나님께 속하였으니 또 하나의 증거는 세상의 보호를 벗어버리고 하나님의 보호 안으로 들어가는 것입니다. 아담이 범죄함으로 말미암아 하나님과의 화목이 깨지자 아담은 에덴에서 쫓겨나가고 가인은 여호와 앞을 떠난지라 인간은 죽음을 두려워하여 자신을 보호하기 위해 기구를 만들고 성을 쌓았습니다. 곧 가인이 세운 에녹 성이요 두발가인이 구리와 쇠로 만든 기구라.

그러나 하나님은 이스라엘을 택하시고 그의 백성에게 이와는 다른 보호를 주셨으니 곧 모세의 율법이라. 여호와는 율법을 그들에게 주며 말씀하시되 너희가 내 규례와 계명을 준행하면 내가 그 땅에 평화를 줄 것인즉 너희가 누울 때 너희를 두렵게 할 자가 없을 것이며 내가 사나운 짐승을 그 땅에서 제할 것이요 칼이 너희의 땅에 두루 행하지 아니할 것이며 너희의 원수들을 쫓으리니 그들이 너희 앞에서 칼에 엎드려질 것이라 또 너희 다섯이 백을 쫓고 너희 백이 만을 쫓으리라고 하셨습니다.

또한 여호수아를 통해 말씀하시길 여리고 주민들이 너희와 싸우기로 내가 그들을 너희의 손에 넘겨주었으며 내가 왕벌을 너희 앞에 보내어 그 아모리 족속의 두 왕을 너희 앞에서 쫓아내게 하였나니 너희의 칼이나 너희의 활로써 이같이 한 것이 아니라고 하셨습니다. 이로써 하나님은 가나안에 들어간 이스라엘에게 말과 군대를 많이 두지 못하게 하여 군사력에 의지하지 못하게 하였으며 왕을 세우지도 아니하여 정치력에 의지하지 않게 하였고 이방족속과의 결혼도 금하여 외교력에 의지하지도 않게 하셨습니다. 모든 이스라엘 사람이 여호와를 그들의 피난처요 방패요 영광이시요 머리를 드시는 자로 여기며 천만인이 에워싸 진 친다 하여도 두려워하지 않기를 원하였은즉 그들의 보호는 곧 여호와의 규례와 계명을 준행하는 것이었습니다.

그러나 그들은 계명대로 행하기를 거부하고 대신 세상이 주는 보호에 의지하였습니다. 곧 하나님을 버리고 모든 나라처럼 왕을 세워 자신들을 다스리게 하고 인구를 계수하며 병거와 마병을 모아 군사력에 의지하였고 바로의 딸과 이세벨과 그 밖의 많은 이방 여인들과 통혼하여 외교력에 의지하였습니다. 그들이 여호와께 의지하기를 구차히 여기고 가인과 두발가인을 따라 세상의 보호를 구하자 결국 여호와의 책에 기록된 모든 저주대로 재앙을 받았습니다. 이는 그들이 율법을 지키지 않았을 뿐 아니라 아직 예수로 인한 하나님과의 화목을 알지도 못하고 성령이 그들의 마음 가운데 있지 않아 율법을 지킬 수도 없었기 때문입니다.

예수의 부활로 하나님과 화목케 된 뒤에는 이 모든 것이 바뀌었습니다. 하나님을 믿는 자들이 더 이상 성을 쌓아 그 안에서 모여 삶도 아니요 한 민족과 한 나라를 이루어 왕과 군사와 외교로 자신들을 지킴도 아니요 단지 무기도 없고 왕도 없는 교회에 모이게 된 것입니다. 예수 이후 이스라엘 국가가 사라지고 하나님 나라를 세우는 일꾼이 한 국가에서 사도와 제자와 유스도라 하는 예수와 같은 개인으로 바뀐 것은 바로 예수로 인해 하나님과 화목하게 된 자들은 세상의 보호를 버리고 하나님의 보호만을 의지하게 되었기 때문입니다.

이들은 더 이상 지연과 학연에 의지하여 세상에서 나를 보호하는 성을 쌓으려는 자들도 아니요 권세 잡은 자들의 비유를 맞춰 그들의 보호 안에 들어가기 위해 그들의 범죄에 동참하는 자들도 아니요 나의 경쟁자를 넘어뜨리기 위해 악인들과 합심하여 저를 위해 함정을 파고 불의한 송사를 하는 자들도 아니요 재물로 나를 지키기 위해 돈을 받고 불의한 판결을 내려 사회의 공의를 굽히는 자들도 아니요 하나님의 말씀보다 내 사업이 나를 더 지켜줄 것이라 여기며 공정치 않은 거래를 일삼고 내 밑에서 일하는 자들의 임금을 탈취하고 체납하는 자도 아니요 보라 부자들이 가난한 자를 먹여 살림이 정당하니 우리와 같이 부자들의 가진 것을 뺏으러 가자라고 하는 자도 아닙니다.

오직 하나님의 보호를 앙망하고 하나님이 명령하신 공의와 긍흌을 실천하는 자들이니 곧 악인의 꾀를 따르지 아니하며 죄인들의 곁에 서지 아니하고 오만한 자들의 자리에 앉지 아니하고 오직 여호와의 율법을 즐거워하여 그의 율법을 주야로 묵상하는 자들이요 이들은 시냇가에 심은 나무가 철을 따라 열매를 맺으며 그 잎사귀가 마르지 아니함 같으니 이들이 하는 모든 일이 다 형통할 것입니다.

그러나 예수를 믿는다 말로 시인하고도 학연 지연 업계관행 등의 세상 풍습을 따르지 않으면 세상으로부터 버림을 받을까 두려워하여 세상에 끌려 다니고 자신이 속한 사회가 불의와 강퍅함에 눌려 있음을 가만히 보고만 있는 자는 결국 하나님의 보호가 아니라 세상의 보호를 구하는 자들이니 이들은 먼저 자신에 대해 애통한 마음을 가져야 할 것입니다. 하나님의 말씀대로 살면 당연히 세상은 우리를 미워하고 우리는 핍박을 받고 손해를 볼 것이요 그것을 알고도 우리가 하나님의 말씀을 따르기로 결심하고 그럼에도 불구하고 내 잎사귀가 정령 마르지 아니할 것을 믿고 있기에 하나님은 우리를 의인이라 부르셨음을 기뻐하시고 후회치 아니하시며 하나님과 함께 영원히 살도록 하시는 것입니다. 하나님은 말로만 주를 믿는다 하지 않고 행위로 그 믿음의 열매를 보이는 자를 기뻐하심이 아닙니까.

예수의 부활을 믿고 하나님과 화목케 된 자들이 보이는 또 하나의 증거는 이것이니 곧 세상을 정죄하기 위하여 내가 하나님의 보호에 들어가는 것이 아니요 세상을 긍휼히 여기며 그들을 구하기 위하여 내가 하나님의 보호에 들어가는 것입니다. 예수가 죽음에서 부활하여 하나님께 가심은 하나님과 원수 되었던 우리를 정죄하려 함이 아니요 오직 죄인 된 우리를 하나님과 다시 화목케 하려 함인즉 예수의 부활을 믿는 우리도 우리를 핍박하는 세상에게 오히려 하나님의 의로우심과 긍휼하심을 전함으로 그들이 악함에서 뉘우치고 빛으로 나오게 하려는 마음을 가짐이 마땅합니다.

우리가 예수의 살을 먹음은 곧 속죄제와 화목제에 우리가 제사장으로 참여한 것입니다. 모세는 제사장이 속죄제물을 먹는 것에 대해 아론에게 이르되 이는 너희로 회중의 죄를 담당하여 그들을 위하여 여호와 앞에 속죄하게 하려고 너희에게 주신 것이라고 하였습니다. 제사장은 자신의 죄도 아니요 회중의 죄 즉 이웃의 죄를 담당하고 그들의 죄를 속죄하기 위하여 속죄제물을 먹었은즉 예수의 살을 먹은 우리도 이웃의 죄를 담당하고 속죄하는 데 참여해야 함을 말씀하신 것입니다.

회중의 죄를 담당함은 이것이니 세상이 내가 하나님의 길을 따라감을 시기하여 거짓으로 나를 송사하며 핍박할 때 오히려 그들이 하나님을 두려워하지 않고 좌우를 분변하지 못함을 긍휼히 여기며 그들이 빛으로 나오기를 기도하는 것이며 그들의 악행을 악으로 갚지 않고 선으로 갚음으로 더 이상 악이 사회에 번져나감을 막는 것입니다. 우리가 그들의 불의함을 분히 여기지 않고 그들을 저주하지 않음은 그들을 위해서도 예수가 죽으셨기 때문입니다. 내가 그들을 긍휼히 여김이 없이 나의 의로운 행동만을 그들에게 보인다면 이는 마치 사랑이 없이 나의 몸을 다 내주고 불사름과 같으니 나에게 아무런 유익이 없습니다.

예수가 십자가에서 돌아가실 때 하나님께 기도하기를 저들을 사하여 주옵소서 자기들이 하는 짓을 알지 못함이니이다 하셨기 때문에 하나님이 그 기도를 들으시고 세상에 은혜 주시기를 그치지 않아 스데반이 세움을 받을 수 있었으며 스데반이 돌 맞아 죽을 때 주여 이 죄를 그들에게 돌리지 마옵소서라고 기도하였기 때문에 하나님은 그 기도를 들으시고 스데반을 돌로 쳐 죽이는 데 증인이 되었던 청년 사울을 기억하셨으니 청년 사울은 다메섹 도상에서 사도 바울로 변화되었습니다. 우리를 핍박하는 이웃을 위해 기도할 때 하나님은 죄인을 살리시며 세상으로부터 영광을 받으십니다.

그러한즉 우리가 좋은 직장에서 일하든지 높은 벼슬을 얻어 일하든지 혹은 낮고 열악한 곳에서 일하든지 우리가 속한 어느 곳에서도 불의와 강퍅함이 발견된다면 두려워 말고 먼저 그곳에서 공의와 긍휼이 다시 세워지도록 기도를 해야 할 것입니다. 하나님이 우리를 그곳으로 잠시 보내심은 바로 우리가 불의와 강퍅함을 판단할 수 있는 하나님의 지혜가 있기 때문이요 우리가 불의의 자리에 서지 아니하고 하나님의 길을 걸으며 그들에게 빛을 비출 수 있는 믿음이 있기 때문이요 또한 그들을 위해 기도할 수 있는 하나님의 담대한 사랑이 있기 때문입니다.

우리의 믿음과 기도로 그곳이 공의롭고 긍휼이 넘치는 직장이 되어 하나님을 믿지 아니하는 자들도 편히 일하며 즐거워하게 됨을 보고 하나님은 우리를 기뻐하시며 그 구성원들 중에서 하나님의 뜻에 따라 하나님께 영광을 돌리는 자가 나올 때 하나님은 그를 위하여 하늘에서 잔치를 베푸십니다.

왕도 없고 군사도 없는 하나님의 나라가 세상의 군왕들과 나라들을 반드시 이기리니 이는 세상을 사랑하는 의인들의 기도가 세상의 권세보다 강하기 때문이요 선이 악을 이기고 사랑이 미움을 이기는 것이 곧 하나님이 살아 계시다는 증거이기 때문입니다.

하나님의
나라

제2장

# 하나님의 사랑

# 1

　　•• 하나님은 사랑이시니 하나님은 인생들에게 온유하시며 인간들에게 무례히 행하지 아니하십니다. 하나님이 우리에게 온유하심은 곧 우리에게 자유로운 의지를 주셨음이요 우리가 자유로운 의지를 가지고 악을 택하여도 우리의 자유로운 의지를 거두어가지 아니하심이요 또한 우리의 자유로운 의지를 훼손하지 않으면서 우리가 하나님을 다시 사랑하도록 만드는 그의 능력이며 지혜입니다.

　하나님이 사람에게 온유하심은 인간을 창조하실 때부터 보이셨으니 곧 하나님의 동산에 선악과를 놓으셨음이라. 하나님이 천지를 창조하시고 에덴동산에 아담과 하와를 두시며 그들에게 말씀하시길 동산 가운데에 선악을 알게 하는 나무의 열매를 먹지 말라 하셨습니다. 이는 하나님이 불순종의 능력이 없는 돌과 나무와 짐승과 사랑하지 아니하시고 불순종과 순종의 능력이 있는 사람들과 사랑하기 원하셨음이요 이처럼 자유로운 의지가 있는 사람이 악을 택하지 아니하고 스스로의 의지를 가지고 하나님을 선택할 때 사람은 하나님이 원하시는 사랑으로 하나님과 사랑을 할 수 있기 때문입니다.

선악과는 하나님이 사람에게 자유로운 의지를 주셨다는 증거입니다. 사람은 천사보다 조금 못하게 지음을 받았으나 자유로운 의지를 가지고 하나님을 거부하고 대적하여도 곧바로 추락하지 아니하고 그가 살아 있는 동안 언제든지 그의 자유로운 의지에 따라 다시 하나님을 선택할 수 있도록 하나님께서 허락하셨으니 천사에게는 이러한 자유가 주어진 적이 없습니다. 이처럼 하나님은 사람에게 준 자유로운 의지를 기뻐했으되 아담이 선악과를 먹는 순간에도 간섭하지 않기까지 하셨습니다. 아담이 선악과를 먹음은 신부가 신랑의 원수에게로 가서 자신의 허벅지를 보여줌과 같습니다. 하나님은 자신의 신부가 하나님의 원수에게로 가는 순간에도 그의 자유로운 의지를 거두지 아니하셨습니다.

하나님은 이처럼 사람의 자유로운 의지를 꺾지 않고 오히려 보장해 주셨으니 이는 곧 하나님의 온유함이라. 그러므로 사람이 악을 택할지라도 그의 자유로운 의지를 꺾고 그에게 선을 강제하는 것을 하나님은 악이라 하시고 반대로 그와 대화하고 그를 설득하여 그가 스스로 마음과 의지를 바꿔 선을 택하게 하는 것을 하나님은 선이라 하셨습니다. 이처럼 죄인일지라도 그의 자유로운 의지를 훼손치 아니함은 하나님은 목적뿐만 아니라 방법도 선하시며 완전한 선을 통해 선이 악을 이기심을 보이기 위함이니 곧 상한 갈대도 꺾지 않으심이라.

하나님이 사람의 자유로운 의지를 존중하심은 하나님이 사람과 어떻게 교제하는지 알려주고 있습니다. 곧 하나님은 사람들 앞에서 직접 드러냄을 즐겨하지 않으시고 대신 택하신 자를 통해 주신 말씀으로 대화하길 즐겨하는 것입니다. 하나님이 사람을 어떻게 강제하실 수 있으며 어떻게 두렵게 하실 수 있습니까. 바로 하나님이 사람들 앞에 직접 나타나시는 것이 아닙니까. 하나님의 영광을 본다면 사람은 살 수 없을뿐더러 만약 살 수 있다 하더라도 하나님을 직접 본 사람들이 어떻게 하나님을 부정할 수 있으리오.

따라서 이들이 하나님을 직접 본 후에 하나님을 택하게 된다면 이들은 자신의 자유로운 의지를 가지고 하나님을 선택한 것이 아니요 하나님이 두렵고 택하지 않으면 죽을 것 같기에 한 것이니 바로 강제와 공포로 강요당한 것과 다름이 없습니다. 그러기에 사람들이 하나님을 보여 달라 하고 이적을 더 보여 달라 할 때 예수는 단호히 말씀하시되 아들을 본 자는 아버지를 본 것이라 하였고 악하고 음란한 세대가 표적을 구하나 선지자 요나의 표적밖에는 보일 표적이 없다 하였습니다.

하나님이 사람 앞에 나타나지 않으시니 사람은 단지 말씀을 듣고 하나님을 선택해야 하는 것이요 곧 믿음으로 하나님을 보는 것이니 믿음은 바라는 것의 실상이요 보이지 않는 것의 증거라. 사람이 하나님을 보지 않고 말씀만 듣고 하나님을 선택할 때 하나님은 네가 스스로 나를 택했다하십니다.

하나님을 선택하는 것은 곧 말씀에 따라 공의와 긍휼을 행하는 것인즉 말씀을 듣고 먼저 공의와 긍휼을 베푸는 자에 대해 여호와가 이르시되 네가 부를 때에는 나 여호와가 응답하겠고 네가 부르짖을 때에는 말하기를 내가 여기 있다 하리라 하였고 사람도 이에 화답하여 가라사대 내가 항상 주와 함께 하니 주께서 내 오른손을 붙드셨나이다 하였으니 사람이 하나님과 함께 함을 택한 것이 먼저입니다.

하나님이 사람에게 자유로운 의지를 허락하시고 그가 스스로 하나님께 돌아오기를 바라심은 하나님이 사람과 어떠한 사랑을 원하시는지 알려줍니다. 곧 고귀하고 부유한 사람들 간의 사랑입니다. 하나님이 낮고 비천한 자와 높고 부유한 자 사이의 사랑을 원치 아니하심은 자신의 의지가 없는 비천한 종이 주인이 두려워서 주인을 따를 때 이를 종이 주인을 사랑하는 증거라고 하지 않기 때문입니다. 하나님은 오직 고귀하고 부유한 자 사이의 사랑을 원하시므로 하나님은 사람이 먼저 고귀하고 부유한 자가 되도록 부지런히 일하십니다. 결국에 사람은 두려워서도 아니요 교만해서도 아니요 스스로의 자유로운 의지를 가지고 하나님을 선택하는 하나님의 친구가 될 것입니다.

  그러나 하나님이 사람에게 자유로운 의지를 주셨음은 아담이 범죄할 수 있는 여지를 준 것과 같으므로 사람들은 그들이 자유로운 의지를 가지고 있음을 하나님의 사랑으로 받아들이지 않고 그들이 죄를 선택할 것에 대한 핑계로 사용하였습니다. 그리고 그 범죄 함으로 인해 받게 되는 죄과와 그 무거움을 불평하고 하나님을 원망하였습니다. 이는 사람이 아버지의 뜻과 아버지가 내리신 책망을 원망함이요 또한 자신이 책망을 받을 만한 불의를 행하도록 놔둔 아버지를 원망함이니 곧 자신을 자유의지가 있는 사람으로 창조하였음을 원망함과 같고 자신이 오히려 불순종의 능력이 없는 짐승으로 태어나기를 바람과도 같으며 종국에는 아버지께 왜 나를 낳았냐고 원망하며 내가 난 날이 멸망하였더라면 좋았을 것이라 하며 한탄함과 같았습니다.

성경은 이렇게 자신의 자유로운 의지를 가지고 하나님을 원망하고 거부하기로 마음을 굳힌 세상 앞에서 하나님이 어떻게 세상의 자유의지를 훼방하지 않으면서 세상을 다시 아버지께로 돌아오게 하시는지 밝히 보여주고 있습니다. 곧 세상에게 아브라함의 씨와 율법을 주셨음이요 또한 하나님의 백성을 세상에 보내신 것입니다.

홍수 이후에 하나님은 당대의 완전한 자였던 노아에게 생육하고 번성하라는 아담의 축복을 다시 주셨으나 그의 후손이 세상에 퍼지면서 죄악도 자랐으니 노아의 구원은 완전한 구원이 아니었음이라. 바벨탑과 소돔과 고모라가 드러나며 노아 이전 시대처럼 죄악이 다시 만연하게 되었습니다. 그러나 하나님은 사람들이 어려서부터 마음의 생각이 악함을 기억하시고 그들의 죄악대로 보응하는 대신에 그들이 마음과 뜻을 다하여 아버지께로 다시 돌아오게 하려고 역사를 계속하셨습니다. 그 첫째는 아브라함을 택하심이요 둘째는 그의 몸을 통해 나올 민족 중 하나에게 율법을 주신 것입니다.

하나님이 모든 인간들에게 나타나지 않으시고 아브라함과 그 후손에게만 나타나심을 좋게 여기셨으니 이는 하나님을 아직 모르는 나머지 사람들은 아브라함의 자손을 통해서 하나님을 알게 되고 마음에 받아들여 하나님을 스스로 선택하도록 만들기 원하심이라. 하나님은 사랑이시니 사람들의 자유로운 의지를 꺾지 않으시고 그들이 하나님을 스스로 선택하길 원하셨기에 야곱의 족속들이 가나안에 들어간 다음에는 그들에게도 율법과 선지자를 통해서만 말씀하셨고 이로써 택함을 받은 이스라엘 백성까지도 하나님을 직접 보지 못하는 상황에서 말씀을 통해 하나님을 알아 스스로 아버지를 선택해야 했습니다.

율법은 나를 사랑하는 자가 나의 밖에서 나에게 외치는 소리이므로 나의 마음과 정신에 직접 들어오는 영과 같지 않고 내가 스스로 읽고 깨달아 사랑하는 자의 마음을 알게 하는 하나님의 말씀입니다. 하나님이 호렙산에서 이스라엘 백성에게 율법을 주실 때도 그들이 받을지 아닐지를 그들에게 물어보셨고 또한 율법을 주신 후에도 이 율법을 지키면 복을 받을 것이고 율법을 거스르면 저주를 받을 것이라 말씀하시면서 율법을 준행할지 아닐지도 율법을 받은 자가 정할 수 있게 하였는바 율법은 사람의 자유로운 의지를 거스르지 않았습니다.

비록 나의 밖에 있으나 율법은 좌우의 날 선 검과 같아 골수를 쪼개고 책망과 교훈으로 교육하기에 부족함이 없으며 마음으로 받아들이는 자들에게는 의에 이르게 하는 능력이 있습니다. 모세는 율법을 이스라엘 백성에게 주며 이르되 내가 오늘 네게 명령한 이 명령은 네게 어려운 것도 아니요 네게 먼 것도 아니라 오직 그 말씀이 네게 매우 가까워서 네 입에 있으며 네 마음에 있은즉 네가 이를 행할 수 있다고 하였고 또 이르길 우리가 그 명령하신 대로 이 모든 명령을 우리 하나님 여호와 앞에서 삼가 지키면 그것이 곧 우리의 의로움이리라 하였습니다. 여호와 앞에서 의로운 자는 곧 하나님께 돌아온 자입니다. 그런즉 율법은 사람이 그의 자유로운 의지를 버리지 않은 상태에서 하나님을 택할 수 있는 길이었으며 또한 하나님을 원망하던 자가 의인으로 변화됨으로 인해 자기의 원망으로부터 자유로워질 수 있는 길이었습니다.

곧 여호와의 말씀에 순종하여 공의와 긍휼을 실천하는 자는 모두 사람들로부터 의롭다 칭송을 받을 것인즉 자식이 없는 여인도 자식이 많은 이웃에게서 부러움을 받을 것이요 자식이 없는 고자도 마른 자라 멸시를 당하지 아니할 것이요 노아의 아들 함도 하나님의 아들이라 일컬어질 것이요 아브라함의 천막에서 쫓겨난 이스마엘도 이삭으로부터 내 형제라 일컬음을 받을 것이요 불의한 이스라엘도 세상으로부터 경외함을 받을 것입니다.

이것을 하나님은 좋게 여기시나니 하나님이 아담의 자유로운 의지를 꺾지 않으시고 이스라엘의 마음과 정신을 침해하지 않으심과 같이 세상의 모든 사람들에게도 그들의 자유로운 의지를 존중하시고 그들이 스스로 판단하여 이스라엘이 옳다 하시길 원하십니다. 그런즉 이스라엘이 세상에서 높여지는 것은 이스라엘이 강대해져 교만한 애굽과 앗수르가 두려워하여 숨기 때문이 아니요 오직 이스라엘이 여호와의 말씀에 순종하여 공의와 긍휼을 실천할 때 세상이 이스라엘을 칭찬하게 되기 때문이요 이를 목도하는 애굽과 앗수르에게 하나님이 눈을 뜨게 하시면 그들도 하나님의 도를 따라하려는 마음을 갖게 되기 때문입니다.

이르시되 애굽에서 앗수르로 통하는 대로가 있어 앗수르 사람은 애굽으로 가겠고 애굽 사람은 앗수르로 갈 것이며 애굽 사람이 앗수르 사람과 함께 경배하리라. 그날에 이스라엘이 애굽 및 앗수르와 더불어 셋이 세계 중에 복이 되리니 이는 만군의 여호와께서 복 주시며 이르시되 내 백성 애굽이여, 내 손으로 지은 앗수르여, 나의 기업 이스라엘이여 복이 있을지어다 하실 것이라 하셨습니다.

그러기에 불의한 이스라엘에게 여호와께서 말씀하시기를 너희는 정의를 지키며 의를 행하라 이는 나의 구원이 가까이 왔고 나의 공의가 나타날 것임이라 하셨고 네가 네 하나님 여호와의 말씀을 삼가 듣고 내가 오늘 네게 명령하는 그의 모든 명령을 지켜 행하면 네 하나님 여호와께서 너를 세계 모든 민족 위에 뛰어나게 하실 것이라 오늘 내가 너희에게 선포하는 이 율법과 같이 그 규례와 법도가 공의로운 큰 나라가 어디 있느냐. 너희는 지켜 행하라 이것이 여러 민족 앞에서 너희의 지혜요 너희의 지식이라 그들이 이 모든 규례를 듣고 이르기를 이 큰 나라 사람은 과연 지혜와 지식이 있는 백성이로다 하리라고 말씀하셨습니다.

또한 하나님의 말씀은 이스라엘만을 위한 것이 아니요 온 세상을 위한 것인즉 솔로몬이 이방인을 위해서 한 기도를 기억하시고 하나님이 이방인에게 말씀하시되 여호와께 연합한 이방인은 말하기를 여호와께서 나를 그의 백성 중에서 반드시 갈라내시리라 하지 말며 또 여호와와 연합하여 그를 섬기며 여호와의 이름을 사랑하며 그의 종이 되며 안식일을 지켜 더럽히지 아니하며 나의 언약을 굳게 지키는 이방인마다 내가 곧 그들을 나의 성산으로 인도하여 기도하는 내 집에서 그들을 기쁘게 할 것이며 그들의 번제와 희생을 나의 제단에서 기꺼이 받게 되리니 이는 내 집은 만민이 기도하는 집이라 일컬음이 될 것임이라. 이스라엘의 쫓겨난 자를 모으시는 주 여호와가 말하노니 내가 이미 모은 백성 외에 또 모아 그에게 속하게 하리라 하셨습니다.

그런즉 우리의 머리카락까지도 세고 계시는 하나님은 사람이 아버지의 명령에 복종하여 스스로 공의와 긍휼을 실천할 때 아버지와 이웃에 대한 원망과 범죄함이 우슬초로 씻음과 같이 사라지고 오히려 기쁨과 감사로 변하게 된다고 말씀하십니다. 이는 이스라엘에게만이 아니요 이방인 즉 만민에게도 하는 말씀이므로 하나님의 기쁘신 뜻에 따라 택함을 받은 이스라엘은 여호와 하나님 아버지께서 다른 민족은 내치고 자신은 높일 것이라 생각하지 말아야 했으며 오히려 자신의 의로운 행동으로 다른 모든 사람들을 아버지께 나오게 만들어야 한다고 마땅히 생각해야 했고 이를 통해 세상이 마음 깊이 응어리진 원망과 범죄의 족쇄에서 풀려 자유로워지는 것이 아버지가 이스라엘을 택하신 뜻이었음을 알아야 했습니다.

그러나 이스라엘은 끝까지 율법을 마음으로 받아들이지 않았습니다. 요나가 니느웨에 대한 하나님의 뜻을 이해하지 못한 것처럼 그들은 오직 하나님이 자신들 편에 서서 세상 앞에서 자신들을 높이실 것만 기대했습니다. 아버지가 자신을 택하셨고 자기들에게만 말씀을 주셨다는 이스라엘의 교만 때문에 세상은 이스라엘을 더욱 미워하였고 그들에게 율법을 준 여호와도 경멸하였습니다. 이스라엘은 하나님의 나라가 임하는 통로가 되지 못하고 오히려 하나님 나라가 오심을 방해하는 걸림돌이 되었으니 하나님께서 이르시되 하나님의 이름이 너희 때문에 이방인 중에서 모독을 받는

다고 하였습니다. 짠 맛을 잃은 소금처럼 이스라엘은 밖에 버려져 지나가는 사람들에게 밟히는 참담함을 겪어야 했습니다.

나의 마음과 정신에 직접 들어오지 않고 다만 나의 밖에서 나에게 외치는 율법은 나의 자유로운 의지를 거스르지 아니하나 이스라엘을 하나님께 돌아오게 하지 못하였으니 이는 사람이 타락하였으되 끝까지 타락하여 결코 사람이 스스로 하나님을 찾고 선택할 수 없기 때문이라. 사람의 타락으로 율법이 사람을 아버지께로 인도하지 못하므로 하나님께서는 다른 역사를 준비하셨으니 곧 예수와 성령을 주신 것입니다.

예수와 성령은 율법과는 반대이니 율법은 나의 마음과 정신 밖에 있으나 성령은 나의 마음과 정신 안으로 들어옴이라. 이는 곧 사람들로 하여금 사람이 하나님을 택하기 위해서는 하나님이 먼저 사람을 택해야 함을 깨닫게 하고 하나님의 간섭이 없으면 구원을 받을 수 없음을 깨닫게 하려 함입니다.

그럼에도 불구하고 예수와 성령은 오히려 사람의 자유로운 의지를 완성시키나니 곧 진리가 우리를 자유하게 함이라. 죽음을 두려워하는 자는 자신의 자유로운 의지를 펼칠 수 없습니다. 이는 그가 공의를 행하려는 마음이 있어도 그리하면 세상이 그에게 죽음으로 갚을 것이라 걱정하면 그는 자신의 의지에 반하여 공의를 버릴 수 있기 때문입니다. 그러나 예수가 죽음에서 부활함으로 그를 믿는 자 또한 죽음에서 해방되었은즉 이제 예수를 믿는 자는 죽음의 두려움 때문에 자신의 의지를 거스르지 않아도 되게 되었습니다.

성령 또한 우리의 의지를 거스르려고 온 것이 아니요 우리의 마음과 이성에게 하나님의 말씀을 기억나게 하려고 온 것입니다. 성령이 없을 때는 원망과 미움과 욕정이 우리 마음의 생각을 가로막아 깨어 있는 이성과 올바른 판단을 하지 못하게 하나 성령은 우리가 그릇된 길로 행할 때마다 양심을 깨우고 하나님의 말씀을 기억나게 하여 우리에게 깨어 있는 이성이 가져오는 올바른 선택도 생각나게 합니다. 성령으로 말미암아 사람은 미움의 마음이 가져오는 그릇된 선택뿐만 아니라 사랑의 마음이 가져오는 옳은 판단과 선택도 갖게 되었으므로 이로 인해 사람의 자유로운 의지는 진정 자유로워졌다고 할 것입니다.

성령은 신접한 자에게 들어온 세상의 영과 같지 않으니 세상의 영은 사람의 의지와 정신을 무시하고 자기 뜻대로 그를 움직이는 도둑과 같으나 하나님의 영은 사람의 자유로운 의지를 결코 해하지 아니함이라. 성령은 밖에서 문을 두드리고 기다리다가 그가 들어오라 하면 들어가고 그가 먹자 하면 같이 먹고 그와 함께 대화하며 그의 정신과 의지를 존중하니 방언을 말할 때도 그의 정신을 흩트리지 아니하며 예언을 할 때도 그의 마음을 혼미하게 하지 않습니다.

　이처럼 하나님은 예수를 통해 사람의 자유로운 의지를 완성시키시고 이를 얻은 우리가 스스로의 의지를 가지고 옳은 선택을 하여 하나님께 돌아오길 기다리고 계시나니 곧 우리가 공의와 긍휼을 행함이요 또한 아직 이 자유를 모르는 자들에게 이 자유가 세상에 있음을 알리는 것이라. 신약시대인 지금도 세상에게 예수의 복음을 전하기 위해 하나님이 의인의 목소리와 의인의 선행을 이용함은 세상의 자유로운 의지를 해하지 아니하며 그들을 하나님께 인도하기 위함입니다.

　이스라엘은 오늘날 성도의 모임에 대한 상징입니다. 내가 예수를 믿어 구원도 얻었고 성령을 받아서 세상과 상관없게 되었으나 혹시 내게 여유가 생기면 세상에 작은 관심을 가져보겠노라고 하지 마십시오. 하나님이 세상의 목전에서 내게 상을 베푸시고 기름을 부으시는 것은 나를 위함만이 아니요 의인이 승리하는 것을 보고 세상이 회개하게 만들기 위함입니다. 우리의 의로운 행실을 통해 세상이 원망을 감사로 돌려야 할 터인데 오히려 교회에 다니는 사람들이 밉고 싫어서 교회에 나가지 않는다는 세상 사람들의 소리가 들림은 어찌된 일이요. 하나님께서 나에게 들어가도 복을 주시고 나가도 복을 주시며 머리가 되고 꼬리가 되지 않게 하심으로 내가 세상을 향해 더욱 교만하여짐이 아닙니까.

하나님이 어떻게 세상 사람들의 눈에서 눈물을 닦아주십니까. 믿는 자 곧 의인을 통해 그들의 손으로 세상의 눈물을 닦아주는 것이 아닙니까. 의인이 어떻게 세상의 눈물을 닦아줍니까. 원망과 죄악의 족쇄에 걸려 있는 세상에 의인이 공의와 긍휼을 실천함으로 그들을 해방시킴이 아닙니까. 너희는 정의를 지키며 의를 행하라 이는 나의 구원이 가까이 왔고 나의 공의가 나타날 것임이라 하셨으니 의인에게 원하시는 바는 정의를 지키고 의를 행하는 것이요 세상을 구원하는 것은 영의 싸움이니 여호와의 손이 하시는 일이요 곧 예수 그리스도와 그로 말미암은 구원입니다.

성도가 안 믿는 자들보다 세상의 복을 더 많이 받았음에도 불구하고 세상이 성도들을 본받기보다는 오히려 미워함은 성도들이 하나님으로부터 복만 받고 정의를 지키거나 의를 행할 마음은 없기 때문이 아닙니까. 그 결과는 단지 우리나라 안에서 성도와 세상사람 간의 관계에서만 나타남이 아니요 우리나라와 이웃나라와의 관계에서도 나타나고 있습니다. 우리나라가 부유해졌음에도 불구하고 하나님의 축복을 받은 다른 나라처럼 이웃 나라로부터 큰 민족이라 칭찬을 받지 못하고 그들에게 공의와 긍휼을 전파하기는커녕 오히려 그들이 우리에게 공의는 찾을 수 없고 거짓과 부패만 있으며 긍휼도 없고 강퍅한 사회라고 일컫는 것이 우리나라의 예수 믿는 사람들과 상관없는 일입니까.

   거룩하게 하시는 이는 여호와임을 알게 하기 위해 안식일을 지키라 하였거늘 의인들까지도 자기 자식이 안식일에 공부해서 좋은 대학에 가는 것이 더 중하다 하니 세상이 의인들에게 이르길 너희가 구별되었음의 증거가 어디에 있느냐 하며 의인들을 칭찬하는 자가 세상에 없고 사회가 병이 들어가는데도 이를 고칠 의인이 없는 것이 아닙니까. 자녀를 노하게 하지 말라고 하였거늘 인간의 자유로운 의지를 꺾지 않는 하나님을 닮기를 구차히 여기고 하나님의 형상을 닮고 성령을 품고 있는 자녀들에게 공의와 긍휼을 가르치는 대신에 지금 노력하여 이생의 자랑을 먼저 이루고 나중에 하나님을 찾으라고 강제하기 때문에 의인의 자식들까지도 세상의 자식들과 몰려다니며 부모를 업신여기고 입에서는 욕설이 없어지지 않음이 아닙니까. 무엇을 먹을까 걱정하지 말고 하나님의 의를 구하라고 했지만 의인이 불순종으로 인해 세상에 빛을 비추지 못할뿐더러 자신의 자식들도 세상에 내어주는 자가 되었으니 어린 세대일수록 세상을 빛으로 인도할 사람이 줄어들고 있습니다.

   우리가 공의를 지켜 이웃나라에게 칭찬받고 거룩함을 보이기 원하는 것은 우리의 영광을 위해서가 아니요 세상을 사랑하여 세상의 눈물을 닦아주고 구원에 이르게 하려는 하나님의 도구로 우리가 사용되고 있는지를 가늠하는 척도이기 때문이니 곧 우리가 이웃과 세상을 사랑하는 마음이 있을 때 궁극적으로 나타나는 우리의 행실이요 열매이기 때문입니다.

하나님은 사랑이시니 인생들에게 온유하신지라 독생자 예수가 세상에 오실 때도 연약한 아기의 형상을 취함으로 사람의 자유로운 의지를 꺾지 않으셨으며 예수가 십자가에서 죽으실 때도 엘리야를 보내 그를 구원하지 않으심으로 예수를 죽이려는 자의 자유로운 의지를 무시하지 않으셨음이라. 아담이 선악과를 먹을 때 그의 자유로운 의지를 거두지 아니하셨음으로 죄악이 세상에 들어왔으나 예수가 피 흘릴 때도 사람들의 자유로운 의지를 거두지 아니하심으로 세상이 속죄함을 받았으니 하나님은 기묘자라 그 사랑의 신비가 우리의 눈에 놀라우며 원망하는 자들을 잠잠케 함이라.

또한 오늘도 세상 사람들의 눈물을 닦아주고 그들을 빛으로 이끄는 중에 그들의 자유로운 의지를 꺾지 않기 위해 하나님은 의인의 손을 들어 사용하시기를 기뻐하시나니 하나님이 그들에게 온유하신 것같이 의인들도 그들에게 온유함이요 이스라엘의 의로운 행동으로 애굽에서 앗수르로 통하는 대로가 놓임과 같이 의인의 의로운 행동으로 세상에서 원망과 싸움이 누그러들고 화평이 옴이라. 온유한 자는 복이 있나니 땅을 기업으로 받을 것이요 화평하게 하는 자는 복이 있나니 하나님의 아들이라 일컬음을 받을 것입니다.

## 2

    •• 하나님은 사랑이시니 하나님은 모든 것을 참으시며 모든 것을 견디시며 모든 사람들을 믿으십니다.
    하나님은 인간을 믿으시되 그가 스스로 하나님께 돌아올 것을 믿는 것입니다. 이 믿음은 거짓이 없는 믿음이니 하나님은 인간이 스스로 할 수 없음을 이미 알고 계시면서도 하나님은 인간이 할 수 있음을 또한 믿으십니다. 이를 우리가 기이히 여기지 아니할 것은 하나님은 동과 서가 먼 것과 같이 하늘과 땅이 먼 것과 같이 우리와 크게 다르시기 때문이요 우리는 피조물이어서 능력과 생각과 깨달음에 한계가 있으나 하나님은 그 한계가 없으시기 때문입니다.
    하나님이 세상을 믿으심은 하나님의 경륜이니 먼저 하나님이 사람과 사랑하기 위해서입니다. 내가 어떤 선택을 할지 미리 알고 계신 분 앞에서는 나의 자유로운 의지가 아무 소용도 없고 의미도 없습니다. 하나님이 내가 어떤 선택을 할지 이미 알고 계시더라도 마치 모르시는 것처럼 나를 믿으심은 곧 의지가 없는 종과 사랑하길 원치 않으시고 자신의 의지가 있는 존귀한 자와 사랑하길 원하시는 하나님의 사랑 때문입니다.

또한 하나님이 세상을 믿으심은 완전한 선이 악을 이김을 보이기 위함이니 곧 타락한 인간을 사랑과 선한 방법으로 아버지께 돌아오게 할 수 있음을 보이는 것입니다. 죄악에 젖은 우리 피조물은 자신의 자유로운 의지를 가지고는 무한하신 창조주를 올바로 향할 수 없으나 주께서 우리를 믿으시며 그 믿음은 결코 다함이 없는 미쁘심인지라 우리가 아버지를 기필코는 스스로 바라보게 될 것입니다. 이는 곧 피조물이 그의 자유로운 의지를 가지고도 무한한 창조주를 향하게 되는 기적과도 같은 일인즉 하나님의 사랑이 이를 가능케 하십니다.

세상에 대한 하나님의 이러한 믿음은 오늘 우리가 할 수 없음을 아시면서도 내일의 우리를 믿으시는 것이 아니요 오늘의 우리를 믿으시는 것이니 사람이 죄에서 벗어나 성결하여지고 이웃을 향해 공의와 긍휼을 베푸는 사람이 아직도 모자란 모습을 가지고 있는 바로 지금이라고 하나님은 말씀하고 있습니다. 그러므로 하나님은 율법이 아직 주어지지 않았던 시대에도 사람이 스스로 악에서 벗어나지 못하고 악을 계속 행할 때 사람 지음을 한탄하셨습니다. 또한 율법만 주어지고 보혜사 성령은 아직 오지 않았던 시대에도 이스라엘이 율법을 통해 마음의 할례를 받지 못하고 공의와 긍휼을 저버렸을 때 사람에게 크게 노하셨습니다.

이처럼 예수로 인하여 보혜사 성령이 오신 지금 이 시대에도 하나님은 사람을 믿고 계시나니 곧 우리가 공의와 긍휼을 행함은 예수가 하늘에서 천군천사를 데리고 다시 오실 때도 아니요 나의 몸이 변화되어 천국에서 살게 될 때도 아니요 내가 아직도 모자란 모습을 가지고 이 땅에서 살고 있는 바로 지금임을 말해주고 있습니다. 곧 예수를 믿는다하며 공의를 행함은 구원과 상관없다 말하는 우리들이 언젠가는 스스로 공의를 행하고 긍휼을 베풀 것이라고 믿으시고 기다리시는 것입니다.

이로 인해 사람을 믿으시는 하나님의 또 다른 경륜을 우리가 보나니 곧 아버지께 돌아온 자들에게 상을 주려 하심이라. 상을 받는 자는 자신이 한 일에 대해 상을 받지 남이 한 일에 대해서 상을 받지 않습니다. 비록 성령이 우리로 하여금 예수를 믿도록 역사하였다 하여도 하나님은 그 믿음을 하나님이 주신 믿음이라 하지 아니하고 우리 스스로의 믿음이라고 인정하십니다. 이는 우리가 아버지를 찾아가는 중에 하나님이 우리를 강제하지 아니하시고 우리를 믿고 기다리셨기 때문입니다. 그리하여 예수는 그의 구원을 받는 자들에게 네 믿음이 너를 구원하였다라고 말씀하시길 기뻐하셨습니다.

성경은 타락한 세상을 하나님이 어떻게 믿으셨고 또한 하나님이 사람을 믿으심이 옳다함을 얻기 위해 어떻게 그의 미쁘심으로 사람을 인도하사 사람이 결국 하나님의 믿음에 화답하게 했는지 밝히 보여주고 있으니 곧 가인의 때에서부터 예수의 때까지요 그리고 지금까지라.

아담이 낙원에서 쫓겨나간 다음에 하나님은 악을 행하는 사람들을 곧바로 벌하지 않으시고 다만 가인을 통해 이웃을 해하는 것이 옳지 않음만을 보이셨습니다. 이는 하나님이 심히 간섭하지 않아도 사람들이 스스로 죄를 멀리하고 아버지를 바라보게 될 것이라고 믿으셨기 때문입니다. 탕자의 아버지가 탕자가 돌아오기를 기다림과 같이 하나님이 사람들을 기다렸음은 아담이 선악과를 먹는 순간에도 아담의 자유로운 의지를 거두지 아니하셨던 것과 같이 낙원 밖의 아담 후손들에게도 그들의 자유로운 의지를 존중하셔서 똑같이 온유함으로 대하셨기 때문이며 그들과 고귀한 사람들 간의 사랑으로 사랑하기 원하셨기 때문입니다.

하나님은 천년을 기다리셨으나 사람의 죄악이 줄어들지 않고 오히려 세상에 가득하여지고 그의 마음의 생각이 항상 악하여 마침내 땅이 부패하여짐을 보시고 한탄하시되 사람으로부터 가축과 기는 것과 공중의 새까지 지었음을 한탄하셨습니다. 졸지도 않으시고 후회도 않으시는 하나님이 노아 시대에 한탄하셨으니 이는 사람들이 스스로 하나님을 바라보지 못함을 모르셨다는 뜻이 아니요 오히려 이를 분명히 아시면서도 하나님은 진정 사람이 스스로 아버지를 바라볼 것을 믿으셨다는 증거입니다.

그러나 세상에 대한 하나님의 믿음은 하나님이 세상을 한탄하셨음으로 청산되지 않으니 하나님의 인간에 대한 믿음은 하나님의 사랑에서 나옴이라. 이것이 하나님의 미쁘심인즉 하나님의 사랑은 인간을 포기치 아니하시고 사람이 스스로 다시 하나님을 찾도록 만들기 위하여 노아를 통해 방책을 베푸셨습니다. 곧 인간의 죄악으로 땅이 부패하여져 모든 사람이 멸망할 수밖에 없는 상황에서 홍수로 땅을 다시 새롭게 하신 것이요 또 당대의 완전한 자였던 노아로부터 세상이 다시 시작하도록 하신 것입니다.

노아 이후에도 하나님은 사람들의 일에 심히 간섭하지 않으시고 다만 인간이 하나님 없이 스스로 하늘에 닿으려 함이 옳지 않음만 보이셨습니다. 이 또한 하나님이 사람들을 믿으셨기 때문입니다. 곧 범죄한 아담의 후손은 스스로 하나님을 바라보지 못하였으나 당대에 완전한 의인인 노아의 후손은 하나님의 심한 간섭이 없이도 스스로 하나님께 돌아올 것이라고 믿으신 것입니다. 그러나 노아의 후손도 천년의 세월 동안 하나님의 믿음에 화답하지 못함으로 하나님은 또다시 사람을 위한 방책을 베푸셨으니 아브라함을 택하여 이스라엘 민족을 만드시고 그들의 역사에 간섭하신 것입니다.

하나님이 택하신 나라는 곧 홍해를 가르는 하나님의 능력을 직접 체험하고 호렙산과 성막에 나타나신 여호와의 영광을 두 눈으로 직접 목도하고 하나님의 율법을 글로 받은 백성이니 하나님은 이들이 이 모든 경험과 율법의 실천을 통해 마음의 할례를 받아 정직한 마음으로 하나님을 경외하고 공의와 긍휼을 이웃에게 펼치는 백성이 될 것으로 믿으셨습니다. 이것이 곧 사람이 아버지를 올바로 바라보는 것이요 아버지께 돌아오는 것인즉 이러한 백성이 사는 가나안 땅은 하나님의 나라가 될 것이요 그리하면 이웃 나라들과 땅 끝 나라들과 후대의 모든 나라들도 이 하나님 나라를 옆에서 보며 그의 역사를 읽으며 모두 아버지께 스스로 돌아올 것임을 믿으신 것입니다.

그러나 하나님의 택하신 백성 이스라엘은 아브라함 이전의 인간들과 같이 여호와의 믿음을 저버리고 하나님이 직접 주신 모든 말씀과 가르침을 무시하여 이웃나라와 땅 끝 나라를 하나님께 인도하지도 못하고 이스라엘 자신도 하나님 나라가 되지 못하였습니다. 이에 하나님은 또 다른 방책을 베푸셨으니 곧 계약대로 목이 곧은 이스라엘 백성을 이방나라에 흩으시고 모든 수모를 당하게 하시되 그의 선지자들로 이스라엘이 회복될 것을 예언케 하신 것입니다. 이스라엘의 멸망은 자신의 죄악을 보지 못하는 자식들을 매와 채찍으로 다스려서 그들이 마침내 자기 마음의 생각을 스스로 읽을 수 있는 지혜를 갖도록 인도하려는 아버지의 책망이었습니다.

과연 이스라엘 백성은 포로로 잡혀간 이방나라에서 이르길 이 재앙이 우리에게 임함은 우리 하나님이 우리 중에 계시지 않은 까닭이 아니뇨 하였고 다니엘은 자기 세대와 조상 세대의 죄악을 여호와 앞에서 회개한지라 여호와는 예레미야에게 약속하신 대로 긍휼의 팔을 펴셔서 그들을 약속의 땅으로 다시 모으시고 예루살렘을 재건하게 하셨습니다. 그리고 큰 책망을 통해 조상의 불의함을 깨닫고 하나님의 말씀으로 다시 돌아온 이스라엘을 하나님은 다시 한 번 믿으셨으니 곧 그들이 이제는 진실로 마음의 할례를 받아 아버지를 올바로 바라볼 것이라 믿으신 것입니다.

그러나 재앙을 겪은 후에도 그들은 겉으로는 여호와를 찾았으나 마음으로는 계속 불의와 거짓을 말하고 성전에서와 집에서 하나님을 도둑질하고 있음을 보시고 하나님은 이스라엘 제사장들에게 똥 곧 너희 절기의 희생의 똥을 너희 얼굴에 바를 것이라 하며 크게 노하셨으니 이는 멸망을 경험한 이스라엘은 이제 진정 아버지께 돌아올 것이라는 하나님의 믿음이 심히 컸기 때문입니다.

그러나 또한 이르시기를 보라 여호와의 크고 두려운 날이 이르기 전에 내가 선지자 엘리야를 너희에게 보내리니 그가 아버지의 마음을 자녀에게로 돌이키게 하고 자녀들의 마음을 그들의 아버지에게로 돌이키게 하리라 하셨습니다. 곧 하나님은 그들이 돌아오지 못할 것을 아시고 그의 아들 예수를 준비하신 것입니다. 이 예언을 주시고도 하나님은 세례요한이 오기까지 약 사백년을 기다리셨습니다. 이는 이스라엘이 여호와의 경고와 메시아의 약속을 받은 후 혹시 회개하고 정직한 마음으로 아버지께 돌아올까 하는 기대를 아버지가 가지고 계셨기 때문입니다.

그러므로 인간이 지키지 못할 율법을 하나님이 주심이 옳지 않다고 할 수 있습니까. 하나님은 사람이 율법대로 행하지 못할 것을 미리 아시고 창세전에 예수를 예비하면서도 동시에 이스라엘이 율법을 마음으로 지킬 것임을 진실로 믿으셨으니 율법을 주심은 단지 인간이 예수의 피와 성령이 없이는 마음의 할례를 받을 수 없음을 보이기 위함뿐만이 아니요 진실로 이스라엘이 율법을 통해 마음의 할례를 받도록 하려함이었습니다. 이스라엘이 율법을 마음으로 지키지 아니함을 보시고 하나님이 수많은 선지자들을 보내어 이스라엘의 불순종에 여호와가 노여워하고 있음을 보이셨음은 바로 그들이 순종할 것을 진실로 믿으셨다는 증거입니다. 그런즉 누구도 하나님이 율법으로 사람을 속이셨다 하지 못할 것입니다.

사백년을 기다려도 이스라엘은 돌이키지 아니하였으니 여호와의 기사를 경험하고 여호와의 영광을 보고 여호와의 책망을 받고도 하나님께 돌아오지 못한 이스라엘은 글로 적힌 하나님의 말씀을 읽어도 알지 못함이요 수많은 선지자를 보내 여호와의 말씀을 쉽게 들려줘도 깨닫지 못함이라. 여호와가 그들을 가르치되 끊임없이 가르쳤는데도 그들이 교훈을 듣지 아니하며 받지 아니한지라 이에 하나님은 그 말씀을 육신으로 만들어 세상에 보내셨으니 곧 하나님의 독생자 예수 그리스도이셨습니다.

예수가 이 세상에 오직 죽기 위해 오셨다고 생각하지 마십시오. 성경은 여호와께서 예수의 영혼을 속건제물로 드렸다고 하였고 세상 죄를 지고 가는 하나님의 어린 양이라 증언하였으며 예수도 자기가 죽고 사흘 만에 일어날 것을 제자들에게 밝히셨지만 또한 예수는 포도원의 농부 비유를 들어 자신에 대해 이르길 집 주인이 포도원의 열매를 받으려고 종들을 보냈으나 포도원의 농부들이 그들을 모두 잡아 죽이는지라 후에 집 주인이 자기 아들을 보내며 내 아들은 존대하리라 하였더니 오히려 농부들은 그 아들을 보고 이 상속자를 죽이고 그의 유산을 차지하자 하며 그도 잡아 포도원 밖에 내쫓아 죽였다고 하셨습니다.

예수는 죽으려는 목적만 가지고 오신 것이 아니요 비록 이스라엘이 이전의 선지자들은 쳐 죽였으나 하나님의 아들이 와서 말하면 그의 가르침은 들을 것이라는 하나님의 믿음에서 보내심을 받은 것입니다. 그러한즉 예수는 날마다 성전에서 가르치셨으며 이르되 마음과 정성을 다 해 하나님을 사랑하고 이웃을 네 몸과 같이 사랑하라 하셨으니 하나님을 사랑함은 곧 여호와의 말씀을 경외하여 공의를 행함이요 이웃을 사랑함은 곧 긍휼을 베풂이라. 예수의 가르침은 율법과 선지자들이 오래전부터 가르치던 교훈과 다름이 없습니다. 말씀하시되 내가 율법이나 선지자를 폐하러 온 것이 아니요 완전하게 하려 함이니 너희 의가 서기관과 바리새인보다 더 낫지 못하면 결코 천국에 들어가지 못할 것이라 하셨습니다.

또한 바울은 말하길 이 지혜는 이 세대의 관원이 하나도 알지 못 하였나니 만일 알았다면 영광의 주를 십자가에 못 박지 아니하였으리라고 하며 예수가 죽으려는 목적만 가지고 오신 것이 아님을 증언하고 있습니다. 예수가 죽으러 오셨음은 사람 중에 의인은 없으되 하나도 없음을 하나님이 아셨기 때문이요 예수가 가르치러 오셨음은 이스라엘이 인자의 말을 들으면 다시 율법으로 돌아와 마음의 할례를 받을 것이라는 하나님의 믿음 때문이었습니다.

　예수가 죽으러 온 것만이 아니요 가르치러 왔음에 또 한 비밀은 이것이니 사람의 아들 예수 또한 이스라엘 백성 중 한 사람임이라. 이스라엘 백성 중 누구도 공의와 긍휼을 베풀어 하나님의 믿음에 화답하지 못하였으나 예수는 그의 자유로운 의지를 가지고 진정 하나님을 경외하며 공의와 긍휼을 베푼 유일한 이스라엘 사람이 되었으므로 이 예수 한 사람으로 인해 하나님의 믿음은 화답되었습니다.
　이는 상한 갈대를 꺾지 아니하듯 사람의 의지를 꺾지 아니하고 아브라함 이후 이 천년 동안 믿고 기다리던 하나님의 선하심이 악을 이겼음을 보인 바요 세상의 마음에 하나님을 경외하고 공의와 긍휼을 실천하려는 소망이 작은 겨자씨처럼 심겨짐이요 이로써 아담과 노아 이후 악으로만 치닫던 세상이 이제는 방향을 바꾸어 하나님의 나라를 향하게 되었음을 뜻합니다.
　그리하여 예수가 보냈던 칠십 인이 기뻐 돌아와 가로되 주여 주의 이름으로 귀신들도 우리에게 항복하더이다하였더니 예수께서 이르시되 사단이 하늘로서 번개 같이 떨어지는 것을 내가 보았노라하였습니다. 그리스도의 권세가 세워짐과 그 형제들의 이김으로 인해 미가엘과 그의 사자들에게 사단이 쫓기어 하늘에서 땅으로 내려오게 된 때가 예수가 죽음에서 살아난 때가 아니요 칠십 인이 예수의 도를 따라 천국을 전파한 이 때일 수도 있음을 시사하는 예수의 이 증언은 우리의 눈에 놀랍지 않을 수 없습니다.

사단이 하늘에서 떨어지고 칠십 인에게 귀신이 항복함은 단지 사람이 공의와 긍휼을 행했기 때문만이 아니요 예수가 사람들과 같이 하였기 때문입니다. 예수가 하늘에서 하나님 우편에 앉아계신 지금은 예수가 보내신 성령이 우리와 함께 함으로 인해 우리 또한 하나님 나라를 향할 수 있으며 예수 때 심긴 하나님 나라의 씨앗이 열매를 맺을 수 있는 것입니다.

이스라엘은 또다시 하나님의 믿음을 저버리고 예수를 오히려 십자가에 못 박아 죽임으로 그들의 악이 온전히 악으로 드러났으나 동시에 예수는 죽기까지 아버지께 순종하여 그가 하나님을 경외함이 확증되었으니 하나님이 그에게 상 주시는 것이 합당하게 되었습니다. 하나님이 예수에게 죽음을 선택하도록 강요한 것도 아니요 단지 예수를 믿고 기다리셨는데 예수가 그리하였으므로 그가 상 받음이 마땅하도다. 그리하여 하나님은 예수를 죽음에서 살리시고 하나님 우편에 앉히셨으며 이로 인해 하나님과 화목하게 된 우리에게 하나님이 성령으로 오실 수 있게 되었습니다.

하나님이 이 시대에 베푸신 또 다른 방책이 이것이니 바로 예수를 통해 하나님 나라의 씨앗을 세상에 심어 놓으신 것과 후에 우리에게 성령을 주신 것이라. 이 성령은 우리에게 하나님의 선하신 말씀을 생각나게 하며 또한 예수를 묵상토록 하되 우리가 어떤 죄악과 허물에서도 마음을 돌이켜 스스로 아버지를 택하고 선행을 할 때까지 부지런히 하시니 곧 하나님이 예수를 믿는다하는 자들에 대해 믿는 바를 예수를 믿는다하는 자들이 행할 때까지입니다. 이제 예수로 하나님 나라의 씨앗도 심기었고 성령이 우리에게 인치셨으니 하나님은 이 시대에 우리가 기필코는 공의와 긍휼을 행하여 하나님 나라의 열매를 맺을 것이라 다시 믿고 계십니다.

그러한즉 우리가 예수를 믿어 구원을 얻었으니 모든 것이 다 이루었다 하며 이제는 하나님이 주시는 복이나 누리며 누워있자 하겠습니까. 우리가 아직 믿음이 모자란즉 믿음이 더 자라면 공의를 행하겠다고 하겠습니까. 공의롭고 긍휼이 풍성한 하나님의 나라는 예수가 다시 오시면 이루어지는 것이니 우리는 잠잠히 기다리자고 하겠습니까.

예수는 그를 믿는다는 자들이 공의와 긍휼을 행할 것을 믿으시고 오늘도 우리를 위해 아버지께 간구하십니다. 이르시되 한 사람이 포도원에 무화과나무를 심은 것이 있더니 와서 그 열매를 구하였으나 얻지 못한지라 과원지기에게 이르되 내가 삼 년을 와서 이 무화과나무에 실과를 구하되 얻지 못하니 찍어 버리라 어찌 땅만 버리느냐 대답하여 가로되 주인이여 금년에도 그대로 두소서 내가 두루 파고 거름을 주리니 이 후에 만일 실과가 열면이어니와 그렇지 않으면 찍어 버리소서 하였다 하였습니다.

포도원은 예수가 이 땅에 심으신 하나님의 나라요 포도원 주인은 하나님이요 과원지기는 예수이니 무화과나무는 예수를 믿는다는 자들이라. 무화과나무가 실과를 맺지 못함같이 예수를 믿는다는 자가 듣고 행치 아니할 때 아버지는 찍어버리기를 원하시나 예수가 하나님께 우리를 위하여 간구하되 그 간구함이 아버지의 심판을 영원히 막지는 못함을 뜻합니다.

모든 사람이 하나님과 세상을 원망하였으되 이들에게 혹시 선한 것이 남아 있어서 하나님의 간섭 없이도 스스로 공의와 긍휼을 행하게 되고 그로 인해 원망과 미움에서 스스로 자유하게 될까 하였더니 공의와 긍휼이 무엇인지 모른다 하는지라 하나님께서 율법을 주시고 선지자들을 보내 밝히 풀어 주시고 멸망의 책망을 통해 깨달음의 지혜도 주시며 이제는 사람이 공의와 긍휼을 베풀까 하였더니 사람들은 율법의 제사를 흉내 내며 이르길 우리가 어떻게 주의 이름을 멸시하였으며 우리가 어떻게 주를 더럽게 하였으며 우리가 어떻게 여호와를 괴롭혔으며 주께서 어떻게 우리를 사랑하였으며 정의의 하나님이 어디 계시냐고 하는지라 만군의 여호와께서 독생자의 죽음을 통해 하나님의 의를 보이시고 사람에게 성령을 부어주시며 마음에 생각하시길 마침내 사람이 공의와 긍휼을 베풀며 여자가 남자를 안으리라 하였더니 사람들이 이르되 보라 여호와가 우리 위해 대신 죽으시고 우리에게 값없이 의롭다함을 주셨으니 이 세상에서 번거롭게 공의를 행하다가 욕된 삶을 살지 말고 말씀대로 제사나 행하며 나를 보존하다가 예수가 재림할 때 천국에 가서 영원히 행복하게 살자고 말한다면 하나님이 사람을 어찌 하리오. 그의 아들에게 입 맞추라 그렇지 아니하면 진노하심으로 너희가 길에서 망하리니 그의 진노가 급하심이라 하지 않으셨습니까.

아들에게 입맞춤은 곧 예수를 믿어야 함을 뜻하니 믿음은 유한한 인간이 무한하신 하나님을 향할 수 있도록 하나님이 허락하신 길이요 하나님 앞에서 나의 유한함과 하나님의 무한함을 인정하는 것이요 따라서 이를 인정하는 증거는 하나님 말씀에 무조건 순종하는 것인즉 곧 마음과 뜻과 힘을 다해 하나님을 사랑하고 이웃을 네 몸과 같이 사랑하라는 예수의 말씀에 순종함입니다. 이것이 바로 아들에게 입 맞추는 것이니 우리가 어떻게 마음과 뜻과 힘을 다해 하나님을 사랑하겠습니까. 오직 죄와 멀어지고 여호와가 명령하신 정의를 지키고 의를 행함으로 하는 것이 아닙니까.

## 3

　　•• 하나님은 사랑이시니 하나님은 모든 것을 바라십니다. 하나님은 이처럼 사람들도 하나님의 나라를 믿을 뿐만 아니라 뜻과 정성을 다해 마음으로 바라기를 원하십니다. 이는 곧 우리가 하나님의 나라에 대한 소망을 갖게 됨을 뜻하니 우리가 하나님의 나라를 듣고 믿는 것뿐만이 아니요 그것을 간절히 소망할 때 하나님의 나라는 하나님의 일방적인 약속이 아니라 우리도 스스로 희망하는 바가 되는 것입니다.

　우리가 무엇을 희망한다 함은 우리가 그것을 기뻐한다는 뜻인즉 사람이 자유로운 의지를 가지고 있어도 두려움과 억압에 의해 선택을 강요당한다면 그것은 자유로운 의지가 아니요 오직 자기 스스로의 기뻐함을 따라 선택을 할 수 있어야 자유인이라 할 수 있습니다. 그러므로 우리가 생명의 소망을 가짐은 곧 우리가 우리의 기뻐함을 따라 자유로운 의지로 생명을 선택한다는 증거가 됩니다. 이는 우리의 기뻐하는 바가 세상이 아니고 하나님이며 불의와 강퍅함이 아니고 공의와 긍휼임을 보이는 바이니 소망을 가진 자는 곧 그의 심지부터 선하고 의롭다는 뜻이요 마치 자유로운 의지를 가진 사람이 하나님의 약속을 받기 이전부터 이 생명의 소망을 가지고 있었던 것처럼 그의 마음이 완전하다는 증거이기도 합니다.

여호와는 질투의 하나님이시니 하나님으로부터 생명을 약속받은 인간들이 말하길 여호와가 우리에게 좋은 언약을 주셨으니 가만히 앉아 그것이 이루어지는지 아닌지 기다려 보자 함도 기뻐하지 아니하시며 우리가 이 언약을 받고 이제 믿으니 장사하고 장가가고 세상을 살다보면 여호와가 이루실 것이다 함도 기뻐하지 아니하십니다. 이 약속을 소망하며 마치 마음과 뜻이 맞아 즐거워하는 친구와 같이 사람이 하나님과 함께 하길 원하십니다. 이같이 우리가 믿을 뿐만 아니라 소망을 가지길 하나님이 원하심은 소망은 우리가 하나님을 사랑한다는 증거이기 때문이요 이 증거로 말미암아 하나님이 우리를 완전한 의인처럼 여기시며 우리와 고귀한 사랑을 하려 하시기 때문입니다. 그래서 이르시길 예수로 말미암아 우리가 믿음으로 서 있는 이 은혜에 들어감을 얻었으며 하나님의 영광을 바라고 즐거워한다고 하였으니 믿음으로 은혜를 받은 우리가 하나님의 영광을 다시 바란다고 하였습니다.

그러나 죄인과 불의한 자의 마음속에서는 진리와 생명을 바라는 소망을 찾을 수도 없고 애초부터 없었으므로 사람이 하나님의 나라를 스스로 소망함은 사람 홀로는 도저히 할 수 없는 일입니다. 우리가 모두 이러한 자들이나 하나님은 그의 택하신 자들이 진리의 소망이 없음을 아시면서도 그들이 마음에 이 소망을 스스로 가지게 하려고 역사하십니다.

성경은 하나님이 그의 택한 백성 이스라엘이 하나님의 나라에 대한 소망을 갖도록 하기 위해 열심을 가지고 어떻게 역사하였는지 밝히 보여주고 있습니다. 곧 하나님이 약속을 주시고 그들이 그들의 삶을 통해 이 약속을 숙고하게 하시고 근심토록 하시고 또는 약속이 사라진 고난의 삶을 경험케 하신 것입니다. 심지어는 그 약속을 이방인에게 옮기어 이스라엘 백성으로 하여금 이방인에 대한 질투심 때문에 하나님의 약속을 소망하도록 만들 것이라고까지 하셨습니다. 그래서 이르시되 우리가 환난 중에도 즐거워하나니 이는 환난은 인내를 인내는 연단을 연단은 소망을 이루게 한다고 하였습니다.

여호와가 아브라함에게 약속하시되 내가 너로 큰 민족을 이루고 네게 복을 주어 네 이름을 창대하게 하리니 너는 복이 될 것이라 하신 때부터 이삭을 장가보낼 때까지 아브라함은 육십 년이 넘게 하나님의 약속이 무엇인지 숙고하였고 근심하였으며 자신의 행실을 통해 하나님의 약속을 자세히 이해하게 되었고 결국은 하나님의 약속을 스스로 소망하게 되었습니다.

하나님은 처음부터 사라가 낳을 이삭을 말씀하지 아니하시고 단지 너로 큰 민족을 이룬다고 하셨으니 아브라함은 사라가 아이를 낳지 못하매 자기 집에서 길린 다메섹 사람 엘리에셀을 그의 상속자로 여겼습니다. 하나님의 약속은 믿었으나 그 약속은 다메섹의 씨라고 여겼기 때문에 아브라함의 기쁨은 아들에게 소망을 가진 아버지의 기쁨보다 크지 않았습니다. 그러나 하나님은 다시 환상 중에 임하여 아브라함에게 이르시길 네 몸에서 날 자가 네 상속자가 되리라 하자 아브라함은 자신의 몸에서 날 자손이 하늘의 뭇별처럼 수없이 많을 것을 보고 더욱 믿되 아들에게 소망을 갖는 아버지처럼 믿었으니 이때 여호와께서는 이를 아브라함의 의로 여기셨습니다.

아브라함은 하나님의 약속에 대해 소망을 갖게 되면서 하나님의 약속을 앉아서만 기다리지 않고 이를 이루기 위한 인간의 노력을 시작하였습니다. 곧 사라가 그의 여종 하갈을 통해 자녀를 얻자하였을 때 그 말을 옳게 여겨 하갈로부터 이스마엘을 낳은 것입니다. 그러나 하나님은 다시 나타나셔서 약속을 더욱 자세히 알려주시되 사라가 아브라함에게 아들을 낳을 것이며 여러 민족의 어머니가 될 것이라 하자 사라가 웃고 아브라함도 웃었습니다.

아브라함의 웃음은 하나님의 약속이 사람의 생각으로는 가능하지 않았기 때문이요 또한 자신의 소망은 이미 이스마엘에게 향했기 때문이요 또한 하나님의 자세한 약속을 듣고 자신의 소망이 혹시 헛되었을까 하였기 때문입니다. 비록 이삭은 자유인의 아들이요 이스마엘은 종의 아들이었지만 이스마엘도 아브라함의 소망이 낳은 열매라 하나님은 이러한 아브라함의 빗나간 소망도 저버리지 않으셨습니다. 말씀하시되 이스마엘에 대하여는 내가 네 말을 들었나니 내가 그에게 복을 주어 그를 매우 크게 생육하고 번성하게 할지라 그가 열두 두령을 낳으리니 내가 그를 큰 나라가 되게 할 것이라 하였습니다.

하나님의 약속대로 백 세에 이삭을 낳은 뒤 사라는 기뻐하였으나 아브라함은 아직도 이스마엘에 대한 소망을 버리지 못한지라 여호와가 사라의 마음을 격동시켜 사라가 이 종의 아들은 내 아들 이삭과 함께 기업을 얻지 못하리니 이 여종과 그 아들을 내쫓으라고 말하자 아브라함은 그의 아들로 말미암아 매우 근심하였습니다. 그때서야 하나님이 아브라함에게 말씀하시되 근심하지 말고 사라의 말을 다 들으라 이삭에게서 나는 자라야 네 씨라 부를 것이라고 확증하셨습니다.

하나님의 약속을 이해하려는 그동안의 근심과 행위와 하나님의 역사를 보면서 아브라함은 자신의 소망을 이삭에게로 맞추게 되었고 이삭을 모리아에서 바치라는 하나님의 시험도 겪고 나자 아브라함은 하나님을 더욱 알고 신뢰하게 되었습니다. 이에 아브라함의 소망은 더 이상 인간의 노력 위에 세운 소망이 아니요 하나님에 대한 신뢰 위에 세운 소망이 되었으니 곧 그가 사라를 위해 막벨라 굴을 산 후에 이삭을 장가보내기 위해 하란으로 종을 보낸 것입니다.

사라가 가나안 땅에서 죽었을 때가 아브라함은 백이십칠 세라 하나님으로부터 땅과 자손과 복을 약속 받은 지 육십이 년이 지났습니다. 그러나 노령의 아브라함에게 남은 가족은 자신의 후손 이삭 한 명뿐이요 아직도 거할 땅도 없었고 사라를 매장할 작은 소유지 하나도 없었으므로 아브라함은 헷 족속으로부터 은 사백 세겔에 소할의 아들 에브론이 소유한 막벨라 굴을 사서 사라를 매장하였습니다.

그러나 그의 자손이 별처럼 많아지고 그들이 가나안 땅을 소유하게 될 것이라는 하나님의 약속을 아브라함은 흔들리지 않고 믿고 소망하여 또한 행동으로 옮겼으니 곧 가나안 족속의 딸 중에서 이삭의 아내를 택하지 않고 그의 종을 보내 고향 족속 중에서 아내를 택하여 가나안으로 데려오게 한 것입니다. 종이 이르되 택한 여자가 나를 따라 가나안 땅으로 오려고 하지 아니하거든 내가 이삭을 하란으로 데려가리이까 하며 묻자 아브라함이 이르되 내 아들을 그리로 데리고 돌아가지 말라. 하늘의 하나님 여호와께서 나를 내 아버지의 집과 내 고향 땅에서 떠나게 하시고 내게 말씀하시며 내게 맹세하여 이르시기를 이 땅을 네 씨에게 주리라 하셨으니 그가 그 사자를 너보다 앞서 보내실지라 네가 거기서 내 아들을 위하여 아내를 택할지니라 하였습니다.

당시 하란은 발달한 큰 성읍이요 가나안은 시골이라 여자가 처음 본 종의 말만 듣고 그를 따라 오기가 어려운지라 그럼에도 불구하고 아브라함이 종에게 이렇게 명한 것은 하나님의 약속에 대한 그의 소망이 약해지지 않고 오히려 더욱 강해졌기 때문입니다. 종이 주인의 명에 따라 메소보다미아로 가서 나홀의 성에 이르러 하나님께 기도하되 성 밖 우물에서 기다리다가 물 길으러 나오는 성 중의 한 소녀에게 물을 청하였을 때 그가 대답하여 마시라 내가 당신의 낙타에게도 마시게 하리라 하면 그가 주께서 이삭을 위하여 정하신 아내로 알겠나이다 하자 말을 마치기도 전에 보기에 심히 아리땁고 지금까지 남자가 가까이 하지 아니한 처녀 리브가가 와서 종의 기도대로 행한지라 이에 종이 리브가가 하나님이 이삭에게 주신 아내인줄 알고 리브가를 청하여 가나안 네게브로 데리고 와 이삭의 배필이 되게 하였습니다.

아브라함은 리브가에 대해 하나님으로부터 약속을 받은 바도 없고 아브라함의 종 또한 리브가와의 만남에 대해 하나님으로부터 약속을 받은 바도 없지만 둘 다 소망을 가지고 스스로 정하여 행동하였을 때 하나님은 그들의 계획과 행위를 따라 행하셨습니다. 마치 여호수아가 태양을 향해 기브온 위에 머무르라 명했을 때에 여호와께서 사람의 목소리를 듣고 행하심과 같았으며 하나님이 사람의 친구가 되어 사람의 말을 따라 함과 같았으니 곧 아브라함이 스스로의 소망을 가지고 하나님의 약속을 앙망함을 하나님이 기뻐하셨음이라. 아브라함이 하나님의 약속을 믿을 뿐만 아니라 힘과 뜻을 다하여 소망하길 바라셨기에 하나님은 아브라함에게 처음부터 이삭을 약속하지 않으시고 아브라함에게 근심을 가지게 하신 것입니다.

야곱 또한 그의 험한 인생을 통해 여호와의 약속을 소망하게 되었습니다. 그가 죽기 전에 요셉에게 이르길 내가 조상들과 함께 눕거든 너는 애굽에서 나를 장사하지 말고 나를 애굽에서 메어다가 조상의 묘지에 장사하라 하였고 요셉과 그 형제들은 야곱이 죽은 후에 바로 왕의 허락을 받아 그들의 아버지 야곱의 시신을 가나안 땅으로 데려가 마므레 앞 막벨라 밭의 굴 곧 아브라함이 헷족속 에브론에게 사서 매장지를 삼은 곳에 장사하였습니다. 이로써 하나님이 약속을 직접 주신 아브라함과 이삭과 야곱은 모두 약속의 땅에서 장사되었으니 모세에게 밝히신 여호와의 이름이 아브라함의 하나님 이삭의 하나님 야곱의 하나님이 됨은 여호와는 그의 약속을 지키시며 그 약속을 소망하는 자를 살리심을 알리는 것이라. 곧 예수가 말하길 아브라함과 이삭과 야곱은 죽은 자 가운데 거하지 아니하니 여호와는 죽은 자의 하나님이 아니요 산 자의 하나님이라 하였고 바울은 이르되 우리가 소망으로 구원을 얻었다고 하였습니다.

하나님이 아브라함에게 처음 약속을 주셨을 때는 하나님 혼자 하신 일이었으나 아브라함과 이삭과 야곱이 이 약속을 소망하게 되면서 하나님은 그 약속을 이루기에 피곤하지 않으셨으니 아브라함의 자손이 아무리 하나님을 저버려도 하나님은 아브라함이 소망하던 모습을 기억하시며 이스라엘을 저버릴 수 없었음이라. 하나님은 이를 기뻐하셨음은 아브라함이 소망함으로 하나님의 친구가 될 수 있었고 하나님은 그와 고귀한 사랑을 할 수 있게 되었기 때문입니다.

　하나님은 야곱의 후손들도 하나님의 약속을 소망하도록 만들기 위해 하나님의 약속이 없는 삶을 먼저 경험하게 하셨습니다. 곧 이스라엘 민족이 약속의 땅 가나안에서 형성되도록 하지 않으시고 어둠과 노예의 땅 애굽에서 태어나도록 한 것입니다. 하나님은 아브라함에게 장래에 일어날 일을 미리 알려주시되 네 자손이 이방에서 객이 되어 그들을 섬기겠고 그들은 사백 년 동안 네 자손을 괴롭힐 것이라 했으니 이는 가나안 땅 아모리 족속의 죄악이 아직 가득 차지 아니하였기 때문이라 했습니다. 그러므로 이스라엘이 사백년 후에 아모리 족속에 대한 하나님의 심판을 행할 수 있도록 하기 위해 하나님은 이스라엘 족속을 애굽으로 피신시켜 그곳에서 한 민족으로 커가게 하셨고 또한 그곳에서 종의 삶을 경험하게 하여 아모리 족속과의 전쟁을 감내하면서까지 가나안 땅을 차지하고 자유인이 되기 원하는 소망을 갖게 하신 것입니다.

　하나님이 아브라함에게 주신 약속은 세 가지로 자손과 땅과 복이었습니다. 하나님께서 야곱의 아들 요셉을 애굽으로 먼저 보내어 총리로 삼으시고 야곱과 그 가족도 애굽으로 이주시켰을 때 야곱과 함께 애굽으로 간 자가 야곱의 며느리들 외에 육십육 명이었으니 이는 다 야곱의 몸에서 태어난 자들이었습니다. 야곱의 족속은 고센 땅에서 생업을 얻어 생육하고 번성하였으나 요셉을 알지 못하는 왕조가 나오면서 노예로 전락하였고 고된 노동으로 말미암아 탄식하며 부르짖으매 그 부르짖는 소리가 하나님께 상달되었습니다.

하나님은 이스라엘 자손의 고통을 보고 들으시자 아브라함과 이삭과 야곱에게 세운 그의 언약을 기억하사 그들을 애굽에서 이끌어 내기 위하여 미디안 광야에 도망가 있던 모세를 부르셨습니다. 모세를 따라 애굽에서 출발하여 홍해를 건너 광야로 나온 이스라엘 백성 중에서 계수된 이스라엘 자손이 모두 육십만 삼천오백오십 명으로 애굽을 나온 총수는 야곱과 함께 애굽에 들어간 자의 수보다 만 배 이상 더 많았습니다. 이로써 아브라함의 자손에 약속은 이루어졌습니다.

하나님은 땅에 대한 약속도 이루기 위해 히브리 백성을 광야까지 이끄셨으나 가데스 바네아에서 가나안 땅을 정탐하고 돌아온 자들이 이스라엘 백성은 저들 아낙 자손 앞에서 메뚜기 같다 하였고 이에 모든 백성이 모세와 여호와를 원망하였습니다. 하나님은 이들이 마음과 뜻을 다하여 땅에 대한 약속을 소망하지도 않고 오히려 애굽 땅에 대한 그리움만 있음을 아시고 애굽의 삶을 소망하던 세대 곧 눈의 아들 여호수아와 여분네의 아들 갈렙 이외에 시내 광야에서 계수된 자는 모두 약속의 땅 가나안에 들어가지 못하고 광야에서 죽게 내버려두셨습니다.

오직 그 다음 세대만 약속의 땅에 들어갔으니 이들은 애굽을 동경할 만큼 애굽을 경험하지 못했거나 광야에서 태어난 자들이었습니다. 이들은 척박한 광야 생활을 경험하고 유랑민으로써 이방족속과의 전쟁을 하면서 젖과 꿀이 흐르는 가나안의 약속을 소망하게 되었고 여호수아를 좇아 하나님의 말씀에 순종하였습니다. 이들이 요단강을 건너 가나안 땅을 대부분 정복하고 각 지파대로 땅을 분배받아 기업을 갖게 되자 드디어 하나님이 아브라함에게 주신 땅에 대한 약속도 이루어졌습니다.

하나님이 아브라함에게 주신 약속은 자손과 땅 이외에도 복을 약속하신지라 이르시되 네게 복을 주어 네 이름을 창대하게 하리니 너는 복이 될지라. 너를 축복하는 자에게는 내가 복을 내리고 너를 저주하는 자에게는 내가 저주하리니 땅의 모든 족속이 너로 말미암아 복을 얻을 것이라 하셨습니다. 그리고 하나님은 아브라함의 자손 이스라엘 백성에게 다시 복을 약속하시며 이르시길 너희가 나의 규례와 법도를 지키면 복을 받고 그렇지 않으면 저주를 받을 것이라 하였습니다.

이 복에 대한 약속은 가나안에서 하나님의 나라가 세워지기 위한 세 번째 약속이었습니다. 하나님의 나라가 세워지기 위해서는 백성이 있어야 하고 땅이 있어야 하고 또한 주권이 있어야 한 즉 주권은 곧 하나님의 통치라. 하나님의 통치는 여호와를 경외하고 공의와 긍휼을 행하면 복을 주고 여호와를 저버리면 저주를 주는 것이었습니다. 그러므로 만약 백성이 하나님의 주권과 통치를 인정하면 복을 받기 위해 공의와 긍휼을 행할 것이요 반대로 백성이 하나님의 통치를 인정치 아니하면 자신의 힘과 세상의 술수에 기대어 재물과 편한 삶을 취하려 할 것입니다. 그러므로 하나님이 아브라함에게 주신 약속은 하나님의 전지하심에 힘입어서는 예수를 약속하심이요 하나님의 사람에 대한 믿음에 힘입어서는 이스라엘 족속이 스스로 하나님을 택하고 그의 통치를 받아들여 공의와 긍휼을 행하게 하기 위함이었습니다.

이뿐만이 아니요 아브라함에게 약속하신 복은 곧 만민을 위한 복이니 아브라함에게 이르시길 너를 축복하는 자에게는 내가 복을 내리겠다고 했은즉 아브라함을 축복하는 자는 어떤 자입니까. 야곱의 후손이 두려워서 축복하는 것도 아니요 무슨 대가를 받을까 하여 축복하는 것도 아니요 이방인이 자유로운 의지를 가지고 야곱의 후손을 축복함은 야곱의 후손이 행하는 의로운 행실을 보고 이를 옳다 여기며 이들이 축복받을 만하다고 생각하기 때문에 축복하는 것이 아닙니까.

　그러한즉 야곱 후손의 의로운 행동을 보고 축복하는 자는 이미 그의 마음속에서 의와 더불어 기뻐하는 자이니 하나님은 이들을 기뻐하시며 복을 내리실 것이며 반대로 야곱 후손의 의로운 행동을 보고도 옳다 하지 않거나 시기하는 자는 이미 그의 생각과 마음이 판단을 받은 것이니 이들이 야곱의 후손을 저주할 때 그들은 벌써 하나님의 저주를 받은 것입니다. 그러므로 야곱의 후손들이 땅과 백성에 이어 복에 대해서도 마음과 뜻을 다해 소망했어야 함은 모든 족속을 진리로 인도하려는 하나님의 사랑을 기쁨으로 받아들이는 의인이 되어야 진정 하나님의 백성이 될 수 있었기 때문입니다.

　그러나 이스라엘 백성은 여호수아가 죽자 빠르게 여호와를 버리고 이방신을 섬기기 시작하였으며 이웃을 향해 악을 행하기 시작했습니다. 이스라엘 족속이 하나님의 복을 소망하지 않았음은 이제 자손의 수도 많아졌으니 적의 침공을 막아내기 충분하고 땅도 소유하였으니 경작하고 추수하여 먹을 것도 마련할 수 있었기 때문이라. 이에 이들은 먼저 하나님의 통치를 싫다 하여 여호와를 버리고 그 다음에는 이웃 지파도 버렸습니다. 그 때마다 하나님은 그들이 추수한 것을 이방족속이 와서 약탈하게 하사 자신의 소출을 먹지 못하게 하셨고 이방족속이 그 땅을 지배하게 하사 자기 땅에서 노예의 멍에를 지게 하셨습니다. 이 책망은 모두 이스라엘이 사람의 수와 땅에 의지하지 않고 하나님께 의지하게 하려함이었습니다. 곧 그들의 힘과 땅이 주는 재물이 아니라 하나님의 말씀을 듣고 행할 때 하나님이 주시는 복을 소망하게 만들기 위함이었습니다.

그 책망에도 이들은 하나님의 복을 소망하지 않고 오히려 왕이 없어 각자의 소신을 따랐기 때문이라 핑계를 대는지라 이에 하나님은 그들에게 왕을 주셨습니다. 이스라엘 족속은 왕 아래서 더욱 강건해진 나라의 경계와 땅의 소산을 믿고 하나님의 복은 소망하지 않았으므로 하나님은 결국 그들을 사방에 흩으셨으니 이들이 땅이 없을 때의 서러움과 백성이 적을 때의 두려움을 다시 겪게 하여 땅과 자손과 복에 대한 하나님의 약속을 다시 앙망하게 만드셨습니다.

그들이 이방 땅에서 다시 땅과 자손과 하나님의 구원하심을 구하는지라 하나님은 그들을 다시 모으시며 여호와는 긍휼의 하나님이심을 보이셨습니다. 그러나 하나님은 그들이 그들의 조상 아브라함에게 약속하신 하나님의 복을 알지도 못하고 이해하려 하지도 않음을 아셨고 또한 저들에게 보이셨으니 곧 저들이 모든 족속의 복이 되어야 함을 저들은 싫어했고 자기들만 복 받길 원하여 이르길 여호와가 어떻게 우리를 사랑하셨느냐 하며 하나님이 틀렸다고 하였습니다.

이에 하나님은 이스라엘이 땅과 사람의 수에 의지하여 하나님의 통치가 없어도 스스로 나라를 지키고 먹을 것을 생산하여 안식할 수 있다는 생각을 다시는 하지 못하도록 하셨으니 곧 하나님의 나라를 가나안 땅에서 천국으로 옮기신 것입니다. 천국을 선포하신 예수로 말미암아 사람은 소망할 바를 바로 알게 되었습니다. 천국은 땅에 있는 것이 아닌즉 천국에 들어갈 방법은 더 이상 군대와 생산에 있을 수가 없습니다.

이에 사람들이 천국에 들어갈 방법을 찾자 예수를 믿는 자만 들어갈 수 있다 하였습니다. 예수를 믿는 자는 예수의 말을 듣고 행하는 자이니 천국에 들어가기 위해서는 공의를 행하여 하나님을 사랑하고 긍휼을 행하여 이웃을 사랑해야 함을 말씀한 것입니다. 곧 신약시대에 살고 있는 우리에게도 모세를 통해 말씀하신 하나님의 통치를 받아들이고 하나님의 복을 구하도록 한 것입니다.

또한 가나안 땅은 아브라함의 육신의 자손 곧 이스라엘 백성만 안식을 취할 수 있는 곳이나 천국은 아브라함의 믿음의 자손 곧 모든 믿는 족속들이 다 안식을 취할 수 있는 곳이므로 아브라함을 통해 만민에게 복을 주시려는 하나님의 통치는 천국을 선포한 예수로 말미암아 올 수 있게 되었습니다. 그런즉 하나님의 나라가 가나안에서 천국으로 옮겨지면서 사람은 하나님의 복을 소망하는 것이 공의와 긍휼을 행하는 것이며 이를 통해 모든 족속에게 복이 전파되는 것임을 정확히 알게 되었습니다.

그러나 이스라엘 백성은 천국을 선포한 예수를 여호와를 모독하였다하며 십자가에 못 박아 죽임으로 하나님의 복을 소망하기도 싫고 하나님의 통치를 받기도 싫어하는 그들의 마음을 드러냈습니다. 이에 하나님은 이스라엘 족속이 기필코는 하나님의 복을 소망하게 만들기 위해 또 다른 방책을 베푸셨으니 곧 구원을 이방인에게로 옮기사 이스라엘로 하여금 이방인을 시기토록 하신 것입니다.

예수를 통해 선포된 구원에 대해 이르길 내가 나를 찾지 아니한 자들에게 찾은바 되고 내게 묻지 아니한 자들에게 나타났노라 하였은즉 하나님을 찾던 이스라엘은 은혜를 받지 못하고 오히려 이방인들은 은혜에 들어가게 된 것입니다. 구원받은 이방인들을 이스라엘은 시기하게 되고 미련한 백성으로 말미암아 이스라엘이 노하게 되면 마침내 이스라엘은 자신을 통해 복을 모든 족속에게 주려는 하나님의 사랑을 이해하고 소망하고 하나님께 돌아오게 되리라는 하나님의 경륜입니다. 그러기에 바울은 그들이 넘어짐으로 구원이 이방인에게 이르러 이스라엘로 시기 나게 함이라고 했습니다.

바울은 자기가 그리스도로부터 끊어질지라도 그의 형제 곧 골육의 친척이 예수를 믿어 구원에 이르게 해달라고 기도하였으니 모세의 중보기도로 말미암아 광야에서 이스라엘을 진멸하려던 진노에서 돌이키셨던 것처럼 하나님은 바울의 기도를 들어 반드시 이스라엘을 돌아오게 하실 것입니다. 이르되 지금도 이스라엘에 은혜로 택하심을 따라 남은 자가 있다 했고 이스라엘은 이방인의 충만한 수가 들어오기까지 그들의 더러는 우둔하게 된 것이라 했습니다.

비록 북이스라엘과 남유다가 망하면서 열두 지파 중 많은 지파가 사라졌으나 하나님의 은사와 부르심에는 후회하심이 없은즉 말세에는 필히 하나님의 능력으로 단 지파 대신 므낫세 지파가 포함된 열두 지파가 그들 중에서 다시 나올 것이며 각 지파에서 동일한 수가 천사의 인침을 받아 그들 이외에는 능히 배울 수 없는 새 노래를 보좌 앞과 네 생물과 장로들 앞에서 부를 것입니다.

이방인 중 구원받는 자는 각 나라와 족속과 백성과 방언에서 흰 옷을 입고 나와 아무도 능히 그 수를 셀 수 없을 것이니 십사만 사천은 이스라엘 중에 구원받는 자를 상징하는 수라. 각 지파

마다 일만 이천 명씩이니 이는 말세에 구원받는 자 중에 반드시 이스라엘 족속이 있을 것임을 뜻함이요 또한 각 지파의 많고 적음에 상관없이 라헬의 자손이든 레아의 자손이든 상관없이 하나님은 그들을 똑같은 공의와 사랑으로 대하실 것임을 뜻합니다.

　이스라엘의 넘어짐으로 구원이 우리 이방인에게 이르렀으며 이를 통해 하나님은 이스라엘이 시기하게 만들고 기필코는 하나님을 소망하도록 만드실 것인즉 우리 또한 이스라엘과 예루살렘을 위해 기도해야 합니다. 돌감람나무를 구원하기 위해 참감람나무도 찍으셨으니 우리 돌감람나무가 저들의 구원을 위해 기도함이 마땅치 않습니까. 하나님이 이스라엘로 하여금 온 족속이 복을 받길 소망하도록 역사하심같이 우리도 이방인으로 인해 이스라엘이 복을 받길 소망해야 합니다.

　예수로 인해 우리는 그림자인 가나안을 약속받은 것이 아니요 본체인 하늘의 나라를 약속받았습니다. 가나안에 세워질 하나님 나라가 그 백성의 의로움으로 인해 이웃 나라도 하나님의 복에 참여하도록 만들어야 했던 것처럼 하늘에 세워질 하나님 나라 또한 그 나라를 소망하는 이 땅 위의 백성들이 공의와 긍휼을 행함으로 인해 이 세상 사람들을 하나님께 인도하고 그들도 복에 참여하도록 만들어야 하지 않습니까. 그런즉 예수를 믿어 값없이 은혜를 받은 우리가 하나님 나라의 백성이 되기 위해 공의를 행하고 긍휼을 베푸는 것이 하면 좋고 안 해도 상관없는 가벼운 것입니까.

이스라엘이 가나안에 세워질 하나님의 나라 곧 하늘의 그림자를 약속받았음에도 이를 소망하도록 만들기 위해 그들을 온갖 시련으로 단련시키셨던 하나님이 하늘에 있는 하나님의 나라를 약속받은 우리로 하여금 이를 소망하도록 만들기 위해 어떤 일을 하시겠습니까. 우리는 이미 일제강점기를 거치면서 나라를 빼앗기고 공의와 긍휼이 없던 시기를 겪었으며 더러는 다른 곳으로 강제 이주 당해 땅까지 빼앗긴 경험을 한 민족이라. 하나님은 예수 믿는 사람을 통해 공의를 이 땅에 심으셨고 땅과 주권을 찾는데 깊이 기여하게 만들었으니 곧 우리나라 사람들이 이를 통해 하나님을 알고 영광을 돌리며 공의와 긍휼을 행하여 하나님의 복을 소망하게 하려 함이었습니다.

주위에 하나님을 경외하는 나라가 적고 우리나라가 그들에게 빛을 비춰야 하나 우리나라 신자들이 경건하지 못하고 착한 행실이 없어 빛과 소금이 되지 못한다면 우리를 사랑하시는 하나님은 또다시 우리를 연단하기 위해 땅과 백성까지도 흔들지 않으시리라 어떻게 확신하겠습니까. 이 연단은 우리로 하여금 하나님의 나라를 소망토록 하는 것이니 곧 그리스도 안에서 선한 일을 위하여 지으심을 받은 우리가 하나님의 나라와 의를 구하게 하려는 하나님의 미쁘심입니다. 그런즉 하나님의 미쁘심은 우리 구원의 보증이되 동시에 우리의 두려움이 되어야 하리니 이르시되 나 만군의 여호와가 말하노니 너희는 자기의 소위를 살펴볼지니라 하셨습니다.

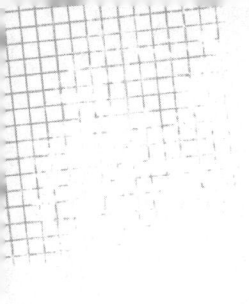

••하나님은 사랑이시라 그런즉 믿음 소망 사랑 이 세 가지는 항상 있을 것인데 그 중에 제일은 사랑입니다.

하나님은 스스로 있는 자시니 어떤 법칙이나 규칙이나 언약으로도 담지 못하며 누구의 도움이나 연민이나 기도도 필요하지 않으시며 땅과 하늘과 바다의 기댈 곳도 필요하지 않으시며 그의 팔이 짧아 우리가 그의 나라를 건설해야 하는 것이 아니로되 또한 하나님은 사랑이시니 사랑할 인간을 창조하시고 그 사람이 스스로의 기쁨을 따라 하나님을 선택하여 하나님과 진정하게 사랑하길 원하십니다. 스스로 있음은 목적물이 필요 없으나 사랑은 목적물이 필요하니 스스로 있는 자가 또한 사랑하기 위해 사람을 지음은 모순과도 같으나 이 또한 우리가 기이히 여기지 말 것은 하나님은 우리의 지혜와 경험을 넘는 무한하신 분이기 때문입니다.

하나님은 스스로 계시면서도 사랑이시라. 하나님이 한 분이면서도 성부 하나님과 성령 하나님과 성자 하나님으로 계심은 세 분이 서로 사랑하시기 때문입니다. 이 서로 사랑하는 삼위의 하나님이 곧 스스로 계신 자가 되시나니 목적물이 필요한 사랑과 목적물이 필요 없는 스스로 있음이 하나님 안에서는 모순되지 아니하는 것은 오직 삼위 간의 사랑으로 서로 사랑하기 때문임을 보여주고 있습니다.

따라서 스스로 계시는 하나님이 사랑의 대상으로 인간을 창조함이 모순이 되지 않고 하나님 보시기에 좋게 되기 위해서는 하나님과 사람이 이 삼위의 사랑으로 서로 사랑해야 할 것이라. 그러므로 스스로 계신 하나님이 사람을 사랑하려 하시는 이 사랑은 낮은 사랑이 아니요 하나님과 성령님과 예수님이 서로 사랑하시는 그 삼위의 사랑으로 사랑하는 것이니 하나님이 사람을 창조하심은 곧 사람이 예수의 형제가 되어 예수와 같이 하나님과 사랑하도록 하여 하나님과 사람이 다시 하나가 되기 위함입니다.

우리가 지금은 거울로 보는 것 같이 희미하나 하나님이 이전에는 알지 못하던 그의 큰 뜻을 우리가 미리 짐작할 수 있도록 한 징표를 주셨으니 바로 스스로 계시는 여호와가 사람을 창조하셨음이라. 이는 곧 삼위의 하나님이 이후에는 예수의 형제가 된 우리와 함께 삼위 간의 사랑으로 사랑하여 세 영의 하나님이셨던 여호와가 하늘의 별과 같이 많고 바다의 모래 같이 무수한 영의 하나님이 되기를 기뻐하심이라. 여호와가 이르시되 예루살렘은 그 가운데 사람과 가축이 많음으로 성곽 없는 성읍이 될 것이며 내가 불로 둘러싼 성곽이 되며 그 가운데에서 영광이 되리라 하셨으니 성곽이 없는 예루살렘에는 오직 하나님과 사랑하는 수많은 영들만 있을 것입니다.

그러므로 하나님은 사람이 이 삼위 간의 사랑을 배우고 깨닫고 소망하여 그리스도 예수 안에서 사랑으로 말미암아 하나님과 하나가 되기를 원하시니 삼위 간의 사랑에 대해서는 아들 예수와 아버지 하나님 간의 사랑을 통해 우리에게 알려주셨습니다. 아들이 아버지에게 보인 삼위의 사랑은 이것이니 곧 자신이 어떤 의인의 행동과 사역을 하더라도 아버지가 영광을 주시기 전까지는 어떠한 종류의 영광도 스스로 취하지 아니한 것입니다.

첫째는 사람 앞에서 자신의 영광을 취하지 아니한 것이니 예수는 십자가에서 수치와 모욕을 당할 때 엘리야를 불러내라는 마귀의 유혹 앞에서 사람들에게 자신의 권능을 보이기를 마다하고 죽기까지 순종하였습니다. 이는 하나님보다 자신의 의와 영광을 구한 아담과는 달리 아들은 세상에서 자신의 영광을 찾지 않고 오직 아버지만을 사랑한다는 증거입니다.

둘째는 하나님 앞에서 자신의 영광을 취하지 아니한 것이니 곧 겟세마네 동산에서 이 잔을 내게서 옮겨달라고 하면서도 자신의 뜻대로 하지 마시고 아버지의 뜻대로 하시라고 기도하신 것입니다. 이 기도는 예수가 고통스런 죽음을 두려워하는 사람의 아들임을 나타내는 증거만이 아닙니다. 이는 예수가 십자가의 죽음을 택하는 것이 십자가의 죽음이 세상을 구하는 위대한 사역이기 때문이 아니라 단지 하나님이 그것을 원하시기 때문에 이 사역을 행한다는 예수의 겸손입니다. 그리고 이 겸손이 보여주는 바는 예수는 사역이 주는 영광을 사랑하지 않고 오직 하나님만을 사랑한다는 예수의 의지입니다. 즉 비록 하나님의 아들이지만 사람의 아들인지라 자신은 그저 일용할 양식을 먹고 즐거운 마음으로 포도주를 마시는 것을 원하는 미물임을 하나님 앞에서 인정하는 자 곧 모든 형태의 영광으로부터 자신의 마음까지도 완전히 비운 자만이 할 수 있는 고백입니다. 기록되었으되 그는 근본 하나님의 본체시나 하나님과 동등 됨을 취할 것으로 여기지 아니하시고 오히려 자기를 비워 종의 형체를 가지사 자기를 낮추시고 죽기까지 복종하였다고 하심과 같습니다.

예수의 보내심을 받은 칠십 인이 돌아와 이르되 주여 주의 이름이면 귀신들도 우리에게 항복하더이다하니 예수가 말하길 내가 너희에게 뱀과 전갈을 밟으며 원수의 모든 능력을 제어할 권능을 주었으니 너희를 해칠 자가 결코 없으리라 그러나 귀신들이 너희에게 항복하는 것으로 기뻐하지 말고 너희 이름이 하늘에 기록된 것으로 기뻐하라 하셨습니다. 이는 곧 그들에게 하나님의 영광을 취하려는 교만을 물리치고 단지 구원받길 원하는 사람의 겸손함을 지키라는 말씀입니다.

그러한즉 우리 또한 하나님의 나라를 소망하여 공의와 긍휼을 실천하되 그 사역을 하나님보다 더 사랑하지 말아야 하며 그 사역이 나의 영광이 되어서도 아니 되니 곧 그 사역을 이루기 위해 하나님이 싫어하시는 거짓과 편법과 폭력과 미움과 저주를 사용해서도 아니 되는 것이요 그 사역을 이루는 나를 보며 나 스스로와 이웃 앞에서 자랑하거나 그 사역에 참여하지 않는 이웃을 나보다 낮게 여기지 말아야 합니다.

하나님의 나라와 뜻을 소망하고 행하는 자들은 혈과 육으로 열심을 내지 아니한즉 나의 노력과 손해에도 불구하고 나의 이웃과 일터와 사회에서 하나님의 나라가 세워지지 않는다고 해서 낙심하지 않습니다. 오히려 감사함과 오래 참음으로 하나님의 역사하심을 기다리니 곧 하나님 나라는 우리가 바라는 소망이 되는 것입니다. 또한 이웃과 일터와 사회가 조금 변하였다 하여 내가 그를 통해 사람들로부터 칭찬받기를 즐겨하지 아니하고 재물을 구하거나 권력을 구하지 아니합니다. 이러한 자들은 오른손이 하는 일을 왼손이 모르는 자들이요 사역의 결과나 그 영광보다 오직 하나님만을 사랑하는 사람들입니다.

　아버지가 아들에게 보인 삼위의 사랑은 이것이니 곧 예수를 아들로 택하시고 예수에게 영광을 주신 것입니다. 예수는 죄인을 구하기 위해 자기 목숨을 버려 세상에 대한 그의 지극히 큰 사랑을 확증하였으나 이에 합당한 그의 지극히 큰 영광을 아버지 앞에서 취하지 않았습니다. 오직 더 큰 영광을 가진 자 앞에서만 자기의 영광을 취하지 아니하니 예수가 아버지 앞에서 영광을 취하지 아니함은 곧 아버지의 사랑과 그에 합당한 영광은 지극히 큰 사랑과 지극히 큰 영광보다 더 큼을 나타낸 것이라. 사람이 영광을 받아 교만하여 짐은 그가 받은 영광보다 더 큰 영광을 마음속에서 음란하게 탐하기 때문인즉 지극히 큰 영광보다 더 큰 영광은 그보다 더 큰 영광이 없으므로 이 영광은 사람에게 주어줘도 그 사람을 교만으로 이끌지 아니합니다.
　이 세상에 살고 있는 사람에게 나타나는 이의 결과는 이러하니 곧 하나님의 나라로 인해 스스로 영광을 취하는 자는 하나님을 사랑하기보다는 그 나라의 영광을 탐한 자요 따라서 영광을 취할 때 거룩한 곳에 서 있는 가증한 것이 될 것이나 하나님이 영광을 주시는 자는 나라의 영광을 스스로 찾지 않고 하나님이 영광을 주실 때까지 기다렸으므로 하나님을 더욱 사랑한 자요 따라서 영광을 취하여도 가증한 것이 되지 아니하고 생명을 받기에 부족함이 없는 자가 됨이라.

아버지가 아들에게 주시는 이 영광에 대해 예수는 비유로 말씀하시되 네가 누구에게나 혼인 잔치에 청함을 받았을 때에 높은 자리에 앉지 말라 너보다 더 높은 사람이 왔을 때 그를 청한 자가 와서 너더러 이 사람에게 자리를 내주라 하리니 그 때에 네가 부끄러워 끝자리로 가게 되리라 차라리 가서 끝자리에 앉으라 그러면 너를 청한 자가 와서 너더러 벗이여 올라앉으라 하리니 그 때에야 함께 앉은 모든 사람 앞에서 영광이 있으리라 하였습니다.

그런즉 우리가 스스로의 기뻐함을 따라 하나님을 택하고 하나님의 나라를 소망함으로 고귀한 자의 증거와 의인의 증거를 입는 것도 이와 같으니 우리의 믿음과 소망과 착한 행실이 하나님 없이도 우리를 고귀한 자와 의인으로 만드는 것이 아니요 오직 하나님이 우리의 믿음과 소망과 착한 행실을 보고 우리더러 고귀하다 의인이다 하며 영광을 주셔야 우리가 고귀한 의인이 되는 것입니다.

하나님의 사랑과 영광이 지극히 큰 사랑과 지극히 큰 영광보다 더 큼은 또 다른 의미가 있으니 곧 하나님은 이러하니 사랑이시다 혹은 하나님은 저러하니 영광이시다 하며 사람의 기준으로 하나님의 사랑과 영광을 더 이상 판단할 수 없음이라. 이는 사람의 눈에 하나님은 스스로 계시는 분임을 증거 하는 바인즉 비록 사람의 생각으로는 이해가 되지 않더라도 하나님이 하는 모든 일은 사랑이라 할 것이며 그의 영광을 나타내는 행사라 할 것입니다.

그러한즉 아말렉을 진멸하심과 가나안 땅의 아모리 족속을 쫓아내심도 하나님의 사랑이요 사탄에게 욥을 맡기심도 하나님의 사랑이요 이스마엘을 내쫓고 이삭의 씨를 택하심도 하나님의 사랑이요 에서는 미워하고 야곱은 사랑하심도 하나님의 사랑입니다. 그러므로 하나님이 예수에게 내가 오늘 너를 택하였다 함은 아무도 이를 송사하지 못함이요 예수에게 영광을 주셨다함은 사람의 아들을 영화롭게 하사 하나님과 하나 되기에 부족함이 없게 만드는 것입니다.

이처럼 하나님은 예수를 믿는 의인들과 삼위의 사랑을 하시고 그들에게도 영광을 주시고 그들과 하나 되길 기뻐하시나니 우리가 스스로 계신 자에 참여하게 됨이라. 이르시되 하나님은 예수 안에서 만물을 통일시키고 이후 하나님이 만유의 주로서 만유 안에 계시게 될 것이라 하였습니다. 만유의 주이시면서 동시에 만유

안에 계시면 곧 만유와 하나된 것이요 그러면서도 만유는 하나님을 주라 시인하면 곧 아버지와 성령과 아들과 수많은 흰 옷 입은 의인들은 하나이되 성령과 아들과 그의 의인들이 아버지께 영광을 돌리는 것과 같습니다. 이렇게 사람이 스스로 계신 자에 참여하게 될 때 하나님이 스스로 계신 것과 하나님이 사랑하기 위해 사람을 창조한 것이 모순이 되지 아니하니 하나님을 송사하던 원수를 부끄럽게 하고 심판하기에 충분하도다.

성경은 하나님이 하나님의 약속을 소망하되 자신의 영광을 구치 아니한 의인들과 함께 삼위의 사랑으로 하나님의 나라를 세우기 위해 어떻게 역사하였으며 이를 통해 스스로 계시는 하나님이 사람을 창조하였음이 옳았음을 어떻게 증거하였는지 우리에게 밝히 보여주고 있습니다.

하나님이 아브라함을 택하시고 약속을 주셨을 때 아브라함은 이를 믿었고 약속을 소망했을 뿐만 아니라 자신의 영광보다 하나님을 더욱 사랑하는 증거를 보였습니다. 하나님이 아브라함을 다시 부르시며 이삭을 모리아 산에서 번제로 드리라 하였을 때 아브라함은 흔들림이 없이 자기 아들 이삭을 드리려 하였은즉 이는 아브라함이 자신의 영광이 된 이삭보다 하나님을 더욱 사랑함의 증거였습니다. 하나님은 이 때 비로소 이삭의 씨로 인해 모든 족속이 복을 받으실 것이라 맹세하였으니 곧 하나님이 아브라함에게 다시 영광을 준 것이었습니다.

　이 영광은 하나님이 사람을 믿으심에 따르면 이삭을 통해 율법을 받을 이스라엘이 나와 세상을 아버지께 인도하는 것이요 또한 하나님이 미리 아심에 따르면 이삭을 통해 예수 그리스도가 이 땅에 오셔서 만민을 구원하는 것이었습니다. 이 영광은 이를 받은 자가 하나님과 친구가 되게 하고 예수 그리스도로 말미암아 하나님과 하나가 되게 하는 큰 영광이라. 그러므로 하나님은 소돔과 고모라를 멸하러 가시기 전에 서로 말씀하시길 내가 하려는 것을 아브라함에게 숨기겠느냐 아브라함은 강대한 나라가 되고 천하 만민은 그로 말미암아 복을 받게 될 것이 아니냐 내가 그로 그 자식과 권속에게 명하여 여호와의 도를 지켜 의와 공도를 행하게 하려고 그를 택하였나니 이는 나 여호와가 아브라함에게 대하여 말한 일을 이루려함이니라 하셨습니다.

　이삭의 아들 에서와 야곱 중에 하나님은 야곱을 사랑하여 그를 택하셨으나 또한 지극히 큰 사랑보다 더 큰 사랑으로 에서를 사랑하였음이라. 그러나 야곱의 열두 아들 중에는 더 이상 누구를 택하지 않으셨으니 이는 비록 하나님이 창세전에 예수가 이 땅에 오실 것을 준비하셨으나 또한 사람을 믿으심으로 인해 열두 아들의 자식과 권속이 율법을 받은 후 여호와의 도를 지켜 의와 공도를 행할 것으로 믿으셨음이라. 아무도 택하지 않으셨으니 예수의 족보도 정해지지 않았습니다.

그러나 열두 아들 중 요셉은 여호와에게 믿음과 소망을 보였으므로 그가 그의 형들에 의해 애굽으로 팔려갔을 때 하나님의 지팡이가 그를 안위하셨습니다. 요셉이 애굽의 총리가 되어 그의 형들과 베냐민을 애굽으로 불러왔을 때 그는 자기를 은 이십에 이스마엘 사람들에게 팔았던 형들에게 노하거나 자신의 성공을 자랑하지 않았으며 오히려 이르길 하나님이 큰 구원으로 당신들의 생명을 보존하고 당신들의 후손을 세상에 두시려고 나를 당신들보다 먼저 보내셨나니 그런즉 나를 이리로 보낸 이는 당신들이 아니요 하나님이시라 하였습니다. 이는 예수가 십자가에서 돌아가시기 전에 세상 사람들을 위해 하나님께 드린 기도였습니다.

이로써 요셉도 자신을 통해 이루어지는 하나님 나라의 역사를 자신의 영광으로 취하지 않고 오히려 영광을 아버지께 돌렸으니 자신의 영광보다 여호와를 더욱 사랑하였음이라. 하나님은 그를 축복하사 애굽에서 에브라임과 므낫세를 낳게 하시고 야곱은 그들을 르우벤과 시므온처럼 자기 것으로 삼아 각기 기업을 갖도록 하였은즉 하나님이 요셉을 형들보다 높이심으로 요셉의 후손은 가나안에서 들어가서는 레위를 대신하여 두 지파 분량의 기업을 소유하게 되었고 말세에는 단을 대신하여 두 지파 분량의 구원받을 자를 가지게 되었습니다. 그러나 하나님은 요셉의 씨로 예수의 족보를 삼지 않았으니 이는 이스라엘 온 족속이 여호와의 도를 지켜 의와 공도를 행하리라 믿으셨기 때문이요 또한 요셉을 통해 사람이 여호와를 사랑함이 무엇인지 후세에게 보이는 것이 하나님의 뜻이었기 때문입니다.

비록 이스라엘 백성이 공의와 긍휼을 베풀어 세상을 하나님께 돌아오게 하고 제사장이 짐승의 피와 희생제로 속죄제와 화목제를 드린다 하여도 하나님이 이들 및 세상과 화목하기 위해서는 그동안의 묵과된 죄와 마음의 죄를 대속할 성결한 피가 있어야 함이 하나님의 뜻이라. 이 피를 준비하기에 합당한 지파는 하나님이 거룩하게 구별하신 레위였으며 그 중에서도 제사장으로 세워진 아론의 집안이었습니다.

하나님은 애굽에서 유월절에 이스라엘의 첫 아들들을 죽이지 않고 거룩하게 구별하셨음을 연유로 이후에 태어나는 이스라엘의 첫 아들들은 모두 여호와의 것이라 하였습니다. 또한 레위인에게 이스라엘 자손 중에 태를 열어 태어난 모든 맏아들을 대신하게 하였은즉 레위인은 하나님 것이었습니다. 그들 중 아론과 그의 아들들은 나머지 레위인들의 시무를 받아 거룩한 제사를 행하고 성물을 관리하고 하나님 앞에서 회중의 죄를 담당하는 제사장의 직분을 가진 자들이었습니다. 그의 머리 위에는 여호와께 성결이라고 새겨진 관이 씌워졌고 그의 몸에는 그를 거룩하게 구별하는 흉폐와 에봇과 겉옷과 반포 속옷이 입혀졌으니 제사장은 이스라엘 자손 중에서도 가장 거룩한 자들이었습니다.

아론의 아들 중 남아있는 자는 엘르아셀과 이다말이었는데 이 중에서도 엘르아셀의 집안에게 하나님은 영원한 제사장 직분을 약속하셨음으로 성결한 피를 준비하기에 합당한 집안은 레위 중에서 아론 집안이었으며 아론 집안 중에서도 엘르아셀의 자손이었습니다. 이다말의 후손은 하나님으로부터 이 약속을 받지 못하였으니 이는 그들이 제사장 직분을 즐겨하며 그 직분을 이용하여 자신의 배는 채웠으나 제사가 하나님께 영광이 되어야 함을 무시하였기 때문입니다.

이다말의 자손 중 실로에서 제사장이었던 엘리가 있었는데 그가 여호와의 제사를 멸시하였던 그의 아들 홉니와 비느하스를 하나님 여호와보다 더 중히 여긴지라 하나님은 그의 집안을 저주하시며 이르시길 네 집에 노인이 하나도 없게 하는 날이 이를 것이며 이스라엘에게 모든 복을 내리는 중에 너는 내 처소의 환난을 볼 것이요 떡 조각을 먹기 위해 제사장 직분을 사람들에게 구걸하게 되리라 하셨습니다. 이는 아브라함은 이삭보다 하나님을 더욱 사랑하였으나 오히려 거룩하게 구별된 제사장 엘리는 자식을 더욱 사랑하였기 때문입니다.

이로 인해 이다말의 집안은 비록 제사장이었지만 성결한 피를 준비하기에 합당한 계보로부터 끊어졌으니 곧 그의 후손 아히둡의 아들 아히멜렉이 놉에서 제사장으로 있을 때 사울에게 죽임을 당했음이요 그의 아들 아비아달은 솔로몬을 반대하고 아도니아와 결탁하여 솔로몬이 왕이 된 후 제사장 직분으로부터 파면되었음이라. 단지 아비아달의 아들 아히멜렉은 다윗에게 제사장 직분의 반차를 받았음으로 그의 집안이 제사장 직분으로부터 완전히 끊어지지는 않았습니다.

그러나 엘르아셀의 집안은 그렇지 않았으니 엘르아셀의 아들 비느하스가 브올에서 하나님의 질투심으로 질투하여 시므리와 고스비를 죽임으로 말미암아 하나님이 이스라엘 자손을 소멸하지 않게 하였음이라. 이로 인해 하나님이 비느하스에게 언약을 주며 이르시길 내가 그에게 내 평화의 언약을 주리니 그와 그의 후손에게 영원한 제사장 직분의 언약이라 그가 그의 하나님을 위하여 질투하여 이스라엘 자손을 속죄하였음이니라 하셨습니다. 영원한 제사장의 직분은 유다 족속 다윗의 후손 예수에게 주신 직분이요 평화의 언약은 예수의 피로 하나님이 세상과 맺은 언약입니다. 이러한 언약을 받았으니 엘르아셀의 아들 비느하스의 집안은 이후 제사장 사독과 에스라와 대제사장 여호수아로 이어지며 하나님의 기뻐하시는 방법에 따라 묵과된 모든 죄와 마음의 죄를 씻어버릴 성결한 피를 준비하기에 합당한 계보가 되었습니다.

    이스라엘 족속이 여호수아와 함께 가나안 땅을 정복한 뒤 왕이 없이 살았으니 하나님이 그들의 왕이었음이라. 어느 지파도 다른 지파의 위에 서지 못하였기 때문에 형제간에 시기와 질투가 없었고 적이 쳐들어 올 때는 여러 지파들이 사사를 중심으로 같이 싸웠기 때문에 형제들이 서로 의지하며 사랑을 실천할 수 있었습니다. 그리하여 기드온의 아들들이 왕이 되려했을 때 하나님은 아비멜렉의 악한 마음을 이용하여 그들을 모두 멸하였습니다. 하나님은 이스라엘이 율법을 좇아 공의와 긍휼을 실천할 것이라고 믿으셨고 성결한 피를 준비할 합당한 지파는 레위였으니 왕의 족보를 이스라엘 족속들과 함께 정하지 않으셨습니다.
    그러나 그들은 율법으로 그들의 군사와 성벽 삼기를 거부하고 자신을 위해 싸워줄 왕을 원하였으니 하나님은 첫 왕으로 베냐민 지파의 유력한 사람인 기스의 아들 곧 준수한 아들인 사울을 왕으로 세우셨습니다. 베냐민 지파에서 첫 왕이 나왔음은 라헬의 자손이 야곱의 후손 중에 권세 잡음을 당연히 여겼기 때문이요 하나님은 이스라엘의 자유로운 의지를 사랑하사 그들의 풍습을 존중하셨기 때문입니다. 이스라엘은 사사시대에서 왕국시대로 옮겨가면서 왕권을 두고 형제간의 시기와 질투가 온갖 죄를 낳게 하였고 왕은 그들에게 큰 걸림돌이 되었습니다.

하나님은 왕이 이스라엘의 걸림돌이 되지 않도록 왕에게 말씀을 주야로 묵상하고 공의를 지킬 것을 엄숙히 명령하시고 겸손한 마음으로 하나님께 온전히 순종하기를 원하셨습니다. 그러나 사울 왕은 하나님께 순종하기보다는 백성들 앞에서 자신의 영광을 잃지 않기를 더욱 구걸하였으므로 하나님은 사무엘을 통해 순종이 제사보다 낫고 들음이 수양의 기름보다 낫다고 말씀하며 사울을 왕위에서 내리시고 대신 유다 지파 가운데 작은 집안 이새의 아들 곧 가장 비천한 막내아들 다윗을 왕으로 세우셨습니다. 다윗은 하나님의 마음에 합한 자라 하나님은 그를 사랑하셨으니 그가 왕이 되기 위해 자신의 영광을 도모하지 않고 사울 왕과 그의 아들 조나단과 그의 아들 므비보셋을 후대하였음이요 사람을 두려워하지 않고 하나님을 의지함으로 골리앗을 물리쳤음이요 또한 하나님을 위해 성전을 준비하였음이라.

여호와께서 주위의 모든 원수를 무찌르사 다윗으로 궁에 평안히 살게 하신 때에 다윗이 선지자 나단을 불러 이르길 나는 백향목 궁에 살거늘 하나님의 궤는 휘장 가운데 있도다 하였습니다. 다윗 이전의 이스라엘은 삶이 편하여졌을 때 하나님을 항상 배반하였으나 다윗은 오히려 하나님을 생각한 것입니다. 이전에 하나님은 여러 사사들을 들어 쓰시며 어느 사사에게도 너희가 어찌하여 나를 위하여 백향목 집을 건축하지 아니하였느냐 하며 그들에게서 영광받기를 구하지 않으셨으나 다윗은 스스로 하나님께 영광을 돌리려 하였습니다. 이에 하나님은 크게 기뻐하셨으니 이 기쁨은 마치 하나님의 궤가 오벧에돔의 집에서 다윗 성으로 올라올 때 다윗이 베 에봇을 입고 여호와 앞에서 뛰놀며 춤추던 것과 같은 기쁨이었고 방탕한 자가 염치없이 자기의 몸을 드러내는 것처럼 그의 신복의 계집종의 눈앞에서 몸을 드러냄을 마다하지 않는 기쁨이었습니다.

다윗이 이 말을 선지자 나단한테 이를 때 하나님은 그의 높으신 보좌에서 이를 듣고 이처럼 기뻐하셨으나 곧 나단이 여호와께 이 말을 전하러 올 것이라. 그 때 하나님은 거룩한 모습으로 나타나 은혜의 축복을 선포하려고 준비하고 기다리셨으나 이 선지자 나단이 속히 오지 않고 자기 자리에서 졸고 있는지라 여호와의 말씀이 그 밤에 나단에게 임하였으니 만군의 여호와가 그의 큰 기쁨을 이기지 못해 사람 앞에서 그의 몸을 드러냄과 같았습니다.

이르시되 네 수한이 차서 네 조상들과 함께 누울 때에 내가 네 몸에서 날 네 씨를 네 뒤에 세워 그의 나라를 견고하게 하리라 그는 내 이름을 위하여 집을 건축할 것이요 나는 그의 나라 왕위를 영원히 견고하게 하리라 나는 그에게 아버지가 되고 그는 내게 아들이 되리니 그가 만일 죄를 범하면 내가 사람의 매와 인생의 채찍으로 징계하려니와 내가 네 앞에서 물러나게 한 사울에게서 내 은총을 빼앗은 것처럼 그에게서 빼앗지는 아니하리라 네 집과 네 나라가 내 앞에서 영원히 보전되고 네 왕위가 영원히 견고하리라고 하셨습니다. 네 몸에서 날 네 씨와 그가 지을 집은 하나님이 사람을 믿으심에 따르면 솔로몬과 솔로몬의 성전이요 하나님이 사람의 악함을 아심에 따르면 예수 그리스도와 그의 몸으로 지을 성전과 천국이라.

   나는 그에게 아버지가 되고 그는 내게 아들이 되리라 함은 하나님이 예수에게 하셨던 말씀 곧 너는 내 사랑하는 아들이라 내가 너를 기뻐하노라 함과 같으니 다윗이 하나님께 영광을 돌림으로 인해 유다 족속은 왕으로 오실 예수의 뿌리가 될 수 있는 약속을 얻게 되었습니다. 또한 이 약속은 아브라함의 약속과 같이 하나님의 미쁘심 위에 세워진 것이라. 하나님은 다윗의 씨가 만일 죄를 범하여도 그에게서 은총을 빼앗지 않고 대신 사람의 매와 인생의 채찍으로 징계하여 기필코는 그의 집과 그의 나라를 영원히 보전하고 그의 왕위를 영원히 견고하게 만들 것이라 했으니 곧 하나님이 스스로를 가리켜 맹세하심과 다름이 없었습니다.

하나님이 레위 족속 비느하스와 유다 족속 다윗에게 준 언약으로 말미암아 가나안에 건설된 하나님의 나라에 영원한 제사장 직분과 영원한 왕위가 세워졌으니 이는 하나님과 하나님을 경외하는 사람들이 세운 나라라. 제사장의 입술은 지식을 지켜야 하겠고 사람들은 그의 입에서 율법을 구하게 되어야 할 것이니 제사장은 사람들에게 부어질 성령의 그림자요 다윗의 왕위는 여호와의 아들이라 칭함을 받은 자들이 앉아야 하리니 아들 예수의 그림자요 이들과 백성들이 모두 여호와를 경외하니 가나안의 하나님 나라는 곧 삼위의 하나님과 수많은 백성들이 하나가 되어 영광 중에 거할 새 하늘과 새 땅과 새 예루살렘의 그림자라. 하나님이 이를 가나안 땅에 허락하셨습니다.

다윗에게 약속한 씨는 왕으로 오시는 예수인지라 제사장으로 오시는 예수는 다윗에게 보이지 않으셨습니다. 이는 다윗에게 약속을 주실 때에도 하나님은 이스라엘이 공의와 긍휼을 베풀어 세상을 하나님께 돌아오게 만들 것이라 믿으셨으며 엘르아셀의 아들 비느하스의 자손들이 여호와께 성결한 제사장으로 직분을 다할 것이라 믿으셨기 때문입니다. 이후 이스라엘이 남왕국 유다와 북왕국 이스라엘로 나뉘고 오므리 가문이 이스라엘의 왕조가 되어 아합 왕과 이세벨이 이스라엘을 심히 범죄케 하였을 때도 선지자 엘리야와 엘리사는 그들을 다시 하나님께로 인도하려 하였을 뿐이요 예수가 속죄양으로 오실 것을 예언하지 않았습니다.

그러나 이들은 하나님께 순종함을 거부하고 오히려 하나님의 미쁘심을 시험하였습니다. 유다 족속은 하나님께 부르짖기를 나의 아버지여 아버지는 나의 소시의 애호자시오니 노를 한 없이 계속하시겠으며 끝까지 두시겠나이까 말하며 그들의 욕심대로 모든 악을 행하였고 제사장들은 자기 권력으로 다스리며 거짓을 행하며 사특한지라 여호와가 여호와의 집에서도 그들의 악을 발견하였습니다.

하나님은 스스로 있는 자라 세상의 무엇도 여호와를 가둘 수 없고 여호와의 입에서 나온 언약도 하나님을 주장할 수 없으니 비느하스에게 영원한 제사장 직분을 약속하셨고 다윗에게 영원한 왕위를 약속하셨더라도 하나님은 이를 폐기할 수 있음이라. 이에 이르시길 내 종 다윗에게 세운 나의 언약도 파하여 그로 그 위에 앉아 다스릴 아들이 없게 할 수 있겠으며 내가 나를 섬기는 레위인 제사장에게 세운 언약도 파할 수 있으리라 하셨습니다.

그리하여 사마리아가 앗수르에 의해 멸망되기 얼마 전부터 유다 족속 중 작은 베들레헴에서 나올 자와 이새의 뿌리에서 나올 가지와 무리의 죄악을 담당할 자에 대한 예언이 여호와의 선지자들을 통해 나오기 시작하였으니 곧 왕으로 오실 예수가 동시에 세상의 속죄제가 되는 사역도 맡게 됨을 알리심이요 또한 제사장들에 대한 경고라.

하나님의 이러한 경고에도 그들은 계속 죄악을 일삼았습니다. 유다 왕 히스기아의 아들 므낫세는 산당을 다시 세우고 바알을 위하여 단을 쌓으며 아세라 목상을 만들며 여호와의 전 두 마당에 하늘의 일월성신을 위하여 단들을 쌓았고 제사장들은 거짓을 그치지 않았습니다. 이에 하나님은 이스라엘에 이어 유다도 이방으로 흩으셨으나 이는 아직 스스로 계신 하나님이 그들과의 언약을 파기함이 아니요 그들을 징계하사 그들이 다시 여호와의 언약으로 돌아오게 하기 위함이었습니다.

그리하여 칠십 년이 지나 남은 이스라엘 백성들이 예루살렘으로 돌아와 성전을 다시 건축할 때 하나님은 다윗 자손 스알디엘의 아들 유다 총독 스룹바벨과 여호사닥의 아들 대제사장 여호수아를 보내시고 여호와의 위임을 받은 선지자 학개를 통해 백성들에게 말씀하셨으니 가나안 땅에 다시 삼위의 하나님이 다스리시는 천국의 그림자가 만들어졌습니다.

여호와가 이들을 이처럼 믿으심에 사람들은 감동을 받으며 자신의 소위를 살펴봐야 했으나 느헤미야를 통한 이스라엘 백성의 회개는 잠시였고 다시 옛 죄악으로 돌아갔습니다. 유다 족속은 자기 형제에게 거짓을 행하며 이방 신의 딸과 결혼하여 여호와께서 사랑하시는 그 성결을 욕되게 하였고 제사장들은 더러운 떡과 저는 것과 병든 것을 주의 제단에 드리며 여호와의 말을 듣지도 아니하였고 마음에 두지도 아니하였으며 여호와의 이름을 영화롭게 하지도 아니하였습니다. 듣지 않았으니 믿지 않았음이요 마음에 두지 아니하였으니 소망하지 않았음이요 여호와의 이름을 영화롭게 하지 않았으니 아버지께 영광을 돌리지 않았음이라.

마침내 하나님은 제사장과의 언약을 파하셨으니 말씀하시되 너희가 레위의 언약을 깨뜨렸느니라 너희가 내 길을 지키지 아니하고 율법을 행할 때에 사람에게 치우치게 하였으므로 나도 너희로 하여금 모든 백성 앞에서 멸시와 천대를 당하게 하였느니라 하셨습니다. 또한 스스로 계시는 하나님은 유다 족속 이새의 아들 곧 다윗의 자손도 끊으실 수 있음이라. 돌에서도 아브라함의 자손을 만드실 수 있는 분이시니 다윗의 자손을 끊는다 하여도 누가 대적하리요.

노아의 자손에게 피를 금함으로 더 이상 사람은 심판의 대상이 아닌 구원의 대상임을 선포하셨어도 다시금 세상을 멸하실 수 있으신 분이 여호와시니 그렇게 함으로 인해 사람에게 약속하였던 여호와의 긍휼과 구원을 하나님 스스로 폐기하시고 사람에 대한 여호와의 미쁘심을 하나님 스스로 거두심이 곧 하나님은 스스로 계시는 분임을 증거하는 표증이 되지 않겠습니까. 스스로 계시는 자가 잠시 사랑의 대상으로 사람을 지었다가 사람이 창조주를 끝까지 멸시함으로 아말렉을 진멸하심과 같이 사람을 진멸하시고 다시 스스로 계시는 자로 돌아간다고 하여 누가 여호와를 송사하겠습니까.

그러나 아버지는 그의 아들 예수를 부르셨으니 아들 예수에게 다윗에게 약속한 영원한 왕위뿐만 아니라 멜기세덱의 반차를 따른 영원한 제사장 직분도 맡기셨음이라. 스가랴의 환상 속에서 여호와의 천사가 여호사닥의 아들 대제사장 여호수아에게 증언하여 이르되 만군의 여호와의 말씀에 네가 만일 내 도를 행하며 내 규례를 지키면 네가 내 집을 다스릴 것이요 내 뜰을 지킬 것이며 내가 또 너로 여기 섰는 자들 가운데에 왕래하게 하리라. 대제사장 여호수아야 너와 네 앞에 앉은 네 동료들은 내 말을 들을 것이니라. 이들은 예표의 사람들이라 내가 내 종 싹을 나게 하리라. 또 은과 금을 받아 면류관을 만들어 여호사닥의 아들 대제사장 여호수아의 머리에 씌우고 말하여 이르기를 만군의 여호와께서 이같이 말씀하시되 보라 싹이라 이름 하는 사람이 자기 곳에서 돋아나서 여호와의 전을 건축하리라 하셨습니다.

싹이라 이름 하는 사람이 대제사장 여호수아의 몸에서 날 후손이 아님에도 그에게 여호와의 종 싹을 말함은 곧 다윗에게 주신 언약에 따라 장차 왕으로 올 예수가 제사장의 직분도 받게 되었음을 상징으로 보여준 것입니다. 이 싹은 대제사장 여호수아의 혈통을 이어 나온 자가 아니니 아론의 반차를 따르지 않고 멜기세덱의 반차를 따르는 제사장인 것입니다. 이르되 레위 계통의 제사 직분으로는 온전함을 얻을 수 없었으니 아론의 반차를 좇지 않고 멜기세덱의 반차를 좇는 별다른 한 제사장을 세워야 한다고 함과 같습니다.

또한 예수가 제사장 직분을 받음도 아들이 자신의 영광을 탐하지 않고 아버지만을 사랑하는 온전함을 보임으로 말미암은 것입니다. 이르시되 그리스도께서 대제사장 되심도 스스로 영광을 취하심이 아니요 오직 말씀하신 이가 저더러 이르시되 네가 영원히 멜기세덱의 반차를 좇는 제사장이라 하셨기 때문이라 하였고 그가 아들이시라도 받으신 고난으로 순종함을 배워서 하나님께 멜기세덱의 반차를 좇은 대제사장이라 칭하심을 받았다 하였습니다.

예수는 아버지의 뜻에 따라 세상에 오셔서 여호와의 말씀대로 여호와의 도를 행하며 여호와의 규례를 지켰으니 예수는 여호와의 집을 다스리게 되었고 여호와의 뜰을 지키게 되었습니다. 예수는 세상의 죄악에도 불구하고 그들을 구원하려는 하나님의 긍휼과 죄의 삯은 사망이라는 공의를 모두 실천하였으나 그의 합당한 영광을 스스로 취하지 않고 아버지께 드렸으니 영광보다 하나님을 더욱 사랑한다는 증거를 보인 것이라. 곧 사람이 삼위의 사랑으로 하나님을 사랑한 것이므로 이로 인해 스스로 계시는 자가 사랑하기 위해 사람을 창조하였음이 더 이상 모순이 되지 않게 되었습니다.

그러므로 여호와는 대제사장 여호수아의 앞에 서서 그를 대적하던 사탄을 책망하시며 이르시되 사탄아 여호와께서 너를 책망하노라 예루살렘을 택한 여호와께서 너를 책망하노라 하였습니다. 이는 사탄이 욥의 의로움을 대적하였듯이 사람에 대한 하나님의 공의를 고발하며 대적하였음이요 또한 죄인과의 언약과 자기의 미쁘심을 지키시려는 하나님의 사랑에 대비하여 하나님의 스스로 계심을 고발하며 대적함이라.

곧 여호와가 죄악의 성 예루살렘을 택하였음이 스스로 계신 하나님에 반한 것임을 고발함이요 스스로 계신 하나님이 사랑의 대상으로 사람을 창조하였음에 대한 고발이라. 이 모든 대적함을 예수의 순결함과 순종함과 영광을 구치 아니함으로 책망할 수 있었으니 아들 예수의 영광이 지극히 큼이라. 아버지께서 그를 다시 높이시며 원수들로 예수의 발등상이 되게 하기까지 예수를 아버지의 오른쪽에 앉히심이 마땅하지 않겠습니까.

그러한즉 내가 세상에 태어남과 나를 지으신 하나님을 원망함은 곧 원수 사탄의 교만함에 일조함이요 반대로 죽지 않고 살기를 구함은 하나님의 사랑과 그의 스스로 계심을 증거하는 것이니 어찌 우리의 원망함이 사사로운 일이라 할 수 있으리오. 또한 우리가 하나님의 도를 행하여 여호와의 집을 우리가 다스리게 되고 여호와의 뜰을 우리가 지키게 됨이 곧 하나님이 예루살렘을 택하셨음이 옳다 함을 증거하는 바이니 우리가 왕 같은 제사장이 되어 성결을 지키고 공의와 긍휼을 행함이 어찌 하찮은 일이라 하리오. 또한 우리가 나의 의를 구하지 않고 오직 겸손히 하나님만을 사랑함이 하나님이 사랑의 대상으로 사람을 지으셨음이 옳다 함을 증거하는 바이니 우리가 하나님의 나라에 동참할 때 나의 영광을 구치 않고 하나님께 영광을 돌림이 어찌 중하지 않은 일이라 하리오.

하나님은 사랑이시라 스스로 계시는 하나님이 사람을 창조하셨으니 이는 사랑이 악을 이기며 사람의 연약함을 이기며 눈 먼 자와 절름발이를 소생시키며 죽음까지도 이김을 보임으로 스스로 계시는 하나님이 곧 사랑이 됨이 하나님의 기쁘신 뜻임을 하늘과 땅과 바다와 음부의 모든 만물에게 알게 하려하심이라. 또한 하나님의 사랑은 그의 아들에게 썩지 않는 영광을 주는 아버지의 사랑이요 이 사랑으로 말미암아 사람과 하나님이 하나가 될 것임을 보이셨으니 하나님이 자신의 이익을 구하기 위하여 사람을 지으셨다고 송사할 자가 누구뇨.

곡과 마곡의 전쟁 이후 그리스도의 안에서 모든 만유가 통일되며 영원하신 하나님이 만유와 함께 하실 것이니 곧 사람을 믿음과 소망과 사랑으로 이끄시는 하나님의 온유하심과 미쁘심과 사랑이 세운 하나님의 나라라. 이에 거할 자 누구뇨. 하나님을 경외하고 예수의 가르침을 끝까지 따라간 자들인즉 곧 그의 행실을 통해 믿음과 소망과 사랑의 증거를 가진 자들이 아닙니까.

하나님의
나라

제3장

# 하나님의 공의

•• 하나님은 공의로우시니 곧 모든 사람에게 공평하십니다. 그리하여 하나님은 그 해를 선인과 악인에게 비추시며 비를 의로운 자와 불의한 자에게도 내리십니다. 이는 누구든지 자기의 의를 주장하고 자기의 의에 따라 생명을 구할 수 있는 기회를 공평하게 주려 함입니다. 한편으론 선보다 악을 택하겠노라 하는 사람들에게요 한편으론 자기의 의를 따라 선을 행할 수 있노라 하는 사람들에게요 한편으론 하나님의 의를 따르겠노라 하는 사람들에게 입니다.

하나님이 이처럼 선인과 의로운 자뿐만 아니라 악인과 불의한 자에게도 공평하심은 모든 사람들로부터 여호와는 공의로우시다는 말을 듣고자 함입니다. 이는 하나님의 공의를 판단할 더 큰 기준이 사람에게 있어서가 아니요 오직 하나님이 세상을 사랑하사 그들에게 자유로운 의지를 주셨기 때문이요 자유로운 의지를 가진 그들이 하나님의 눈에 너무나도 좋아 보이기 때문이요 그들이 각기 자기의 의를 따라 그릇된 길을 가다가 생명이 없음을 깨닫게 되면 스스로 하나님께 돌아올 것을 믿으시기 때문입니다.

이처럼 사람 앞에서 하나님의 공평하심은 세상을 사랑하는 하나님의 사랑 위에 세워진 것인즉 하나님의 공평하심도 오직 세상을 구원하기 위함입니다. 하나님은 공의로우시다 칭송할 줄 아는 자는 곧 아버지를 올바로 바라볼 수 있는 자들입니다. 그러므로 하나님이 사람들로부터 공의로우시다 영광받기 원하심도 곧 사람들이 구원받기를 원하시는 여호와의 마음을 뜻하는 것입니다.

그런즉 악인이 흥함에 우리는 놀라지 말아야 할 것이며 신접한 자에게 길을 묻는 자가 권력과 재물을 쌓음에 놀라지 말아야 할 것이고 자기의 의가 옳다 하기 위해 하나님이 틀렸다고 하는 자가 많은 사람을 현혹함에 놀라지 말아야 할 것입니다. 이들도 공평하신 하나님의 뜻에 따라 땅의 소산과 열매를 거두며 더러는 권세와 만수를 누릴 것이며 단지 그들의 행동이 생명을 해하는 결과를 가져올 때 그들은 정죄함을 받을 것입니다. 또한 그들이 비록 믿는 자를 밟아 쓰러뜨릴 정도로 흥하여도 우리가 그릇된 방법으로 그들을 대적하고 그들에게서 해와 비를 가리려 하지 아니합니다. 이는 그들의 넘어짐은 우리가 그들과 변론하여 이겼기 때문이 아니요 오직 그들의 신은 죽은 신이나 여호와는 살아계시기 때문입니다. 이를 통해 하나님이 없다하던 자들도 하나님의 영광을 보게 될 것입니다. 그러므로 하나님의 공평하심은 세상에게는 진리의 길로 돌아오게 하려는 하나님의 오래 참으심이며 믿는 자에게는 믿음으로 믿음에 이르게 하려는 연단입니다.

하나님은 공평하심으로 자신의 의를 따라 선을 행하리라고 주장하는 자들을 홀로 놔두지 아니하시고 생명에 이르게 하는 하나님의 의를 보여주셨습니다. 이 또한 모든 사람이 자신의 의와 하나님의 의를 견주며 누구의 의가 진정 생명에 이르게 하는지 스스로 판단할 수 있도록 하기 위함이요 그들이 옳은 판단을 하여 하나님께 돌아올 것임을 믿으시기 때문입니다. 여호와가 세상에 그의 의를 보임이 큰 자가 작은 자와 싸우려 함과 같이 공평하지 못하다고 생각하지 마십시오. 하나님이 세상에 그의 의를 밝히실 때도 사람의 자유로운 의지를 무시하지 아니하시고 하나님 스스로를 세상과 동등한 위치로 낮추시어 세상의 많은 의 가운데 하나로 그의 의를 제안하셨으니 하나님이 공평하지 않으시다 하지 못할 것입니다.

이는 가인과 라멕과 애굽과 앗수르와 바빌론과 헬라가 이 세상에서 자신의 의를 주장할 수 있는 권한이 있음과 같이 하나님도 세상에서 자신의 의를 말할 수 있는 권한이 있어야 공평하기 때문입니다. 또한 세상이 아는 의 가운데 여호와의 의도 있어야 후에 사람들이 올바른 의의 예시가 없이 사람 스스로 생명을 찾으라함은 공평하지 못하다 변론하지 못하게 하기 위함입니다.

실로 애굽과 앗수르와 바빌론과 바사 가운데 이스라엘은 작고 작은 나라라. 이 작고 작은 나라를 통해 선포된 의를 가지고 누가 하나님은 사람의 자유로운 의지를 무시하고 그의 의를 선포하였다 말할 수 있으리요. 하나님이 이스라엘의 율법을 통해 세상에게 그의 공의를 제안하심은 하나님 스스로 자신을 세상과 동등한 위치로 낮추심이요 여호와의 그 거룩함과 능력으로 사람의 자유로운 의지를 훼방하지 않으심이요 사람의 눈에 공평하심입니다. 그러므로 하나님의 공의는 곧 임마누엘 하나님의 공의인 것입니다.

자신의 의를 따라 선을 행하리라 주장하는 자들 앞에서 보이신 하나님의 의는 곧 모세의 율법입니다. 하나님은 모세를 통해 율법을 주시며 이를 공의로운 규례라 하셨습니다. 율법은 사람이 자기 자신과 자신의 이웃을 하나님의 고귀한 자녀로 대하는 것을 사람들 간의 공의라 부릅니다. 이웃을 하나님의 고귀한 자녀로 대하니 그의 생명을 해하지 아니하고 그의 가진 것을 무력으로나 간계로 탈취하지 아니하고 그의 집을 탐내지 아니하고 그와 간음하지 아니함은 물론이요 그의 사람됨도 무시하지 않습니다.

이웃의 사람됨을 존중하니 그의 신분이 아무리 남종과 여종일지라도 그를 상해하거나 속이거나 엄하게 부리거나 그가 스스로 꾸민 가정을 빼앗지 않습니다. 이웃과 나 사이에 어떤 미움이 있을지라도 그에 대해 거짓 증언을 하지 아니하고 그가 부당하게 손해 보는 것을 즐거워하지 아니하며 그가 아무리 나에게 빚을 졌더라도 그의 몸을 가릴 옷을 빼앗거나 가진 것이 없음을 알면서도 변리를 독촉하지 아니합니다. 또한 땅과 식물이 아무리 나의 것이며 그 소출에 대한 권리가 아무리 나에게 있더라도 추수할 때 이삭까지 거두지 않습니다. 제칠 년에는 땅을 갈지 않고 묵혀 두어 백성의 가난한 자로 먹게 하니 이는 가난한 자가 먹기 위하여 가진 자 앞에게 능욕을 당하지 않게 하고 가진 것과 배운 것이 없는 자도 그의 사람됨이 훼손되지 않게 함입니다.

반대로 가난한 자라 하여 그를 두둔하거나 재판 때에 그의 편을 들지 말도록 하였습니다. 이는 가난하다는 핑계로 나는 남의 것을 탈취하거나 위법을 하여도 괜찮다고 생각하지 못하게 하기 위함입니다. 하나님의 고귀한 자녀는 재물이 있으나 없으나 하나님의 고귀한 자녀요 가난해졌다고 하여 세상의 비천한 자녀로 변하지 아니합니다. 가난을 핑계로 위법을 하는 것은 곧 하나님의 자녀 됨을 포기하는 것과 같습니다. 이처럼 율법은 이웃뿐만 아니라 나 자신도 하나님의 고귀한 자녀로 여기라 하였은즉 안식일을 지킴 또한 나를 하나님의 거룩한 자녀로 여기는 자들만이 행할 수 있는 규례이며 뇌물을 받지 아니함도 자기가 하나님의 고귀한 자녀임을 자랑하며 즐거워하는 자들만이 지킬 수 있는 명령입니다.

또한 하나님이 모세를 통해 주신 율법은 그 첫째가 여호와 외에는 다른 신들을 네게 있게 하지 말라는 것이니 이는 하나님을 경외하지 않으면 어느 누구도 율법이 명령한 의와 선을 행할 수 없음을 말하는 것입니다. 세상이 주장하는 수많은 의 앞에서 모세의 율법이 알리려는 바가 바로 이것이니 하나님을 두려워하지 않는 자도 잠시 공의를 말하며 정의를 지키고 의를 행할 수 있으며 또한 잠시 이웃을 고귀한 사람으로 여길 수 있으나 그것이 영원히 될 수 없고 결국에는 재물과 명예에 대한 욕심과 육신의 정욕에 의해 그칠 수밖에 없다는 것입니다. 이는 세상에 의인은 없으되 하나도 없으니 하나님이 주시는 사람의 매와 인생의 채찍이 없이는 그 누구도 의를 소망할 수 없기 때문입니다.

그러나 하나님은 온유하사 이 증거를 만들기 위해 하나님을 경외하지는 아니하나 공의와 긍휼을 행하려고 노력하는 자들을 방해하지 아니하십니다. 공의로우신 하나님은 오히려 하나님을 경외하지도 않고 예수를 믿지도 않는 자들이라도 자신의 의를 따라 선을 행하며 또한 함께 모여서 공의로운 사회를 만든다면 공평하게 그들이 마땅히 받아야할 복을 주십니다.

그러한즉 예수를 믿는다고 하면서도 공의를 행하지 않는 자보다 예수를 믿지 않는데도 공의와 긍휼을 베푸는 세상에게 더 복을 주시는 하나님을 보고 하나님은 우리를 사랑치 아니한다고 하지 마십시오. 하나님은 하나님을 모르는 자들에게 왜 복을 주시냐고 하나님을 원망하지 마십시오. 오히려 하나님은 믿는 자가 평안하다 하여 공의와 긍휼을 잊어버리고 힘들다 하여 공의와 긍휼을 번거롭게 생각할 때 그를 오래 참으심과 매와 채찍으로 책망하사 그가 결국에는 공의와 긍휼을 소망하게 만들고 기도하게 만들어 어떤 상황에서도 공의와 긍휼을 베풀게 만드실 것입니다. 이것이 세상은 공의와 긍휼을 그칠 것이나 하나님을 경외하는 자는 공의와 긍휼을 그치지 않을 것이라는 증거이니 바로 하나님이 성실하심의 증거요 하나님이 살아계심의 증거입니다.

그런즉 우리가 하나님의 공의를 행하며 긍휼을 베푸는 것은 단지 그것이 우리 믿음의 증거이기 때문만은 아닙니다. 아직 여호와를 경외하지 않는 수많은 세상 사람들이 우리의 행위를 보고 하나님의 의가 세상 중에 있으며 그 의가 어떤 것인지를 알게 하기 위함입니다. 그러기에 이르길 너희는 세상의 빛과 소금이니 너희의 착한 행실을 보고 세상이 하나님께 영광을 돌리게 하라고 하지 않았습니까. 이는 세상이 자신의 의와 하나님의 의의 증거를 비교하며 자기 스스로 판단하여 세상이 하나님을 스스로 선택할 것임을 하나님이 믿으시기 때문이며 또한 이처럼 세상이 스스로 하나님을 선택할 때 비로소 하나님과 세상은 진정한 사랑을 할 수 있다고 하나님이 정하셨기 때문입니다.

하나님은 공평하심으로 하나님의 의를 따르겠노라 하는 자들을 홀로 놔두지 아니하시고 독생자 예수를 주셨으니 이는 저를 믿는 자마다 멸망치 않고 영생을 얻도록 하려함이라. 예수를 믿고 하나님의 의를 따르기로 한 자들에게 영생을 주기 위해 예수를 주셨다 하였으니 이는 모세가 말했던 하나님의 의는 사람을 영생에 이르게 하지 못했기 때문이요 예수가 나타낸 하나님의 새로운 의는 영생을 주는 능력이 있기 때문입니다. 곧 사람이 공의와 긍휼을 아무리 많이 행한다 하여도 예수의 피가 없이는 이들에 대한 하나님의 진노가 없어지지 아니함을 뜻합니다. 곧 하나님은 공평하사 죄의 삯은 사망이라는 공의를 모든 사람에게 예외 없이 물으시기 때문이며 알고 범하는 죄뿐만 아니라 알지 못하고 범하는 죄도 우리를 사망에 이르게 하기 때문입니다.

　율법에서도 사람이 허물이 있으나 스스로 깨닫지 못하다가 그 범한 죄를 깨닫게 되면 속죄제를 드리고 그가 깨닫지 못한 허물과 죄에 대해서는 회개치 않고 속죄제를 드리지 않아도 하나님이 죄과를 묻지 않았은즉 이것이 바로 과거와 장래의 묵과된 죄입니다. 선보다 악을 택하겠다는 자들도 아니요 자신의 의를 따라 선을 행하겠다는 자들도 아니요 오직 하나님의 의를 따르겠다는 자들이 이 묵과된 죄로 인하여 사망에 이르면 어찌 하나님은 공의롭다 하리요. 여호와의 원수들이 하나님이 팔이 짧아 그의 의를 따르겠다는 자들을 살리지 못하였다 하리니 하나님은 그의 이름을 위하여 예수를 주사 이들을 살리시며 동시에 이들에 대해 죄의 삯은 사망이라는 공의도 이루셨습니다. 긍휼은 의와 공의에 다다르지 못하는 자에게 그 합당한 죄과를 묻지 않는 것이니 예수가 보여준 하나님의 공의는 긍휼 위에 세워진 것이라. 긍휼이 없이는 임마누엘 하나님의 공의도 없습니다.

　또한 독생자 예수를 주셨으니 이는 저를 믿는 자마다 멸망치 않고 영생을 얻도록 하려함이라 말씀하실 때 독생자를 주신 자는 하나님이시니 이는 세상에 공의와 긍휼을 베푸는 것은 사람의 일이 아니요 하나님이 하시는 일임을 보여주기 위함입니다. 따라서 모세의 율법을 따르는 자가 공의와 긍휼을 베풀 때는 이를 통해 불의했던 자가 의롭다함을 얻고자 함이나 예수를 믿는 자가 공의와 긍휼을 베풀 때는 예수로 나타난 하나님의 의를 따라 이미 의롭게 된 자가 그 열매로써 하는 것입니다.

이 둘의 차이는 결코 사소한 것이 아니니 마치 종국에는 모든 사람이 선악을 분별하는 능력을 갖게 될 것이나 하나님이 정하신 순서를 따르는 자는 그 지식이 생명에 이르게 하되 그렇지 않고 먼저 선악을 알려하면 사망에 이르게 되는 것과 마찬가지입니다. 이는 하나님의 순서를 따르는 자는 선악의 지식보다 하나님을 더욱 사랑하는 사람이어서 오래 기다릴 수 있으나 하나님의 순서를 어기고 먼저 하려는 자는 하나님보다 선악의 지식을 탐하는 사람이어서 오래 기다릴 수가 없기 때문입니다. 이처럼 자신의 영광을 하나님보다 앞세우는 사람은 하나님의 시간을 기다릴 수도 없고 하나님이 나 대신 행하는 것도 싫어합니다.

하나님은 사람이 공의와 긍휼을 행하길 원하시나 그것이 자신의 의가 되리라 했을 때는 사람이 결코 공의와 긍휼을 행치 못하고 오히려 악의 올무에 걸림을 모세와 이스라엘을 통해 보여주셨습니다. 그리하여 예수를 보내어 사람을 먼저 의인으로 칭하시고 의인된 우리가 그 열매로 공의와 긍휼을 행할 수 있도록 하였으므로 이제는 우리가 공의와 긍휼을 행하여도 이것을 우리의 영광이라 하지 않습니다. 이는 마치 예수가 아버지께 모든 영광을 돌린 것과도 같아 이제 우리는 선을 행하며 아버지와 삼위의 사랑을 할 수 있는 것입니다.

그러함에도 사람이 다시 말하길 예수는 필요 없고 나는 모세의 율법을 따라 스스로 공의와 긍휼을 베풀어 의에 이르겠다고 하고 모세를 통해 완전한 율법을 주셨던 여호와가 예수를 보낼 이유가 없으며 예수가 하나님의 아들이라는 증거가 어디에 있냐고 한다면 그는 아직 자신의 의를 따라 공의와 긍휼을 이루겠다는 자와 다름이 없습니다. 그러나 온유하신 하나님은 이러한 자들도 급히 심판치 아니하시고 대신 그들과 예수를 믿는 자 중에 누가 진정 공의와 긍휼을 베풀게 되는지 그들이 스스로 판단하여 다시 예수를 묵상토록 만드십니다.

이처럼 우리가 이미 의인이 되었음의 증거로서 공의와 긍휼을 행하라고 하나님이 우리에게 예수도 주시고 그를 믿는 믿음도 주셨는데 만약 예수를 믿는다는 자들이 모여 말하길 믿음만 있으면 천국에 가나니 세상에서는 세상의 법대로 살고 우리끼리 모여서는 서로의 믿음을 칭찬하며 살자고 한다면 어찌 하나님이 기뻐하시겠습니까. 이러한 자들은 거울로 자신의 얼굴을 보고 돌아서서는 자신의 얼굴을 기억하지 못하는 자들이요 더러운 떡과 저는 것과 병든 것을 주의 제단에 드리면서 우리가 어떻게 주를 더럽게 하였나이까 하고 묻는 제사장과 같으니 미련한 자들이라 하지 않겠습니까.

또한 독생자 예수를 주셨으니 이는 저를 믿는 자마다 멸망치 않고 영생을 얻도록 하려함이라 말씀하실 때 이 영생은 믿는 자마다 주신다고 하셨으니 하나님이 세상을 이처럼 사랑하사 독생자를 주셨더라도 이 영생은 모든 세상에게 미침이 아니요 오직 믿는 자에게만 주어짐을 뜻하는 것입니다.

이를 기이히 여기지 마십시오. 천사가 목자들에게 예수의 나심을 알릴 때도 이르길 지극히 높은 곳에서는 하나님께 영광이요 땅에서는 기뻐하심을 입은 사람들 중에 평화로다 하였으니 예수로 인하여 평화를 누리는 사람은 모든 세상이 아니요 기뻐하심을 입은 사람들입니다. 천사가 마리아에게 예수가 성령으로 잉태됨을 알릴 때도 이르길 아들을 낳으리니 이름을 예수라 하라 이는 그가 자기 백성을 저희 죄에서 구원할 자이심이라 하였으니 자기 백성은 세상의 모든 사람이 아니요 하나님이 택하신 사람들입니다. 이 하나님이 택하신 사람들에 대해 말하길 영접하는 자 곧 그 이름을 믿는 자들에게는 하나님의 자녀가 되는 권세를 주셨으니 이는 혈통으로나 육정으로나 사람의 뜻으로 나지 아니하고 오직 하나님께로 난 자들이니라 하였은즉 곧 하나님이 태초에 택하신 자들입니다. 하나님이 택하지 아니한 사람은 이들이니 하나님이 이들의 눈을 가리우사 예수의 복음을 듣고도 깨닫지 못하는 사람들입니다.

세상을 이처럼 사랑하시는 여호와 하나님이 믿는 자이든 믿지 않는 자이든 차별 없이 모든 사람에게 예수의 피가 가져온 구속을 은사로 주지 않으심이 공평치 아니하다 하지 마십시오. 하나님을 믿지 않는 자는 하나님의 의를 따르지 않는 자요 곧 공의와 긍휼을 행할 수 없으며 영광을 자신의 것으로 삼는 자이니 이러한 자에게 구속과 영생을 주면 이들은 영원히 사는 악인이 됨이요 곧 사탄과 다를 바가 무엇입니까.

또한 이들의 원래 생각과 정신을 단번에 없애고 하나님을 바라보도록 만들어 구속과 영생을 주면 되지 않느냐 하지 마십시오. 그것은 그들의 자유로운 의지를 거두고 그들을 짐승으로 만들어 영원히 살도록 하는 것과 같지 않습니까. 이는 고귀한 자가 스스로의 의지를 가지고 서로 사랑하는 사랑으로 사람과 사랑하려는 하나님의 뜻에 대적하는 바이니 하나님은 사람이 사탄과 짐승과 같이 됨을 기뻐하지 않으십니다. 하나님이 공평하기만 하시다면 이들이 사탄과 짐승으로 떨어지는 것을 그대로 놔두는 것이 오히려 공평하다 하겠으나 그러지 아니하심은 하나님의 공의는 긍휼 위에 세워졌기 때문입니다.

그리하면 어떤 사람이든 눈을 가리지 말고 예수의 복음을 깨달을 수 있는 지혜를 주어 모든 세상이 구원을 받아 영생토록 하지 아니하고 누구는 깨닫게 하시고 누구는 깨닫지 못하도록 눈을 가리심이 공평하지 아니하다고도 하지 마십시오. 하나님이 택하지 아니한 자들은 곧 하나님의 의를 따르지 않고 자신의 의를 따라 선을 행할 수 있다 주장하는 자들이니 이들에게 하나님의 의를 깨달을 눈과 지혜를 줌은 오히려 그들의 자유로운 의지를 하나님이 무시함이 아닙니까. 그리하면 그들이 이 지혜를 받고 하나님이 나의 마음속에 들어와 나를 속이고 능욕하였다 하지 아니하겠습니까. 하나님이 그가 택하지 아니한 자에게 이 진리를 깨달을 눈과 지혜를 주지 않으시는 것은 하나님은 온유하사 아담에게 주셨던 자유로운 의지를 존중하시고 따라서 사람의 주장하는 바에 따라 각자를 공평하게 대하시기 때문입니다.

그러므로 하나님의 공의는 이것이니 그 때에 각 사람의 행한 대로 갚으시는 것이라. 하나님은 각자가 착한 사람임을 증거 하는 행위 곧 공의롭고 긍휼이 넘치는 선행을 소망하고 실천할 수 있도록 기다리시되 모질게 재촉하지 않으시고 사랑과 긍휼로 오래 참으시며 이후 충분한 때가 찼을 때에 악인이나 자신의 의를 따르는 자나 예수를 믿는 자나 모두 똑같이 그의 행위로 그를 판단하시리니 이는 하나님은 공평하시기 때문이라. 그러나 이들 중 착한 사람의 증거를 갖게 될 사람은 오직 자기의 의를 버리고 하나님의 의를 소망하는 자들밖에는 없을 것이니 이들은 하나님의 간섭과 이끄심을 원망하지 않고 감사히 받아들였기 때문에 선행을 할 수 있었던 자이며 이 선행을 통해 영광을 구치 않는 자들이라. 곧 공의와 긍휼을 행함보다 예수로 인해 하나님을 더욱 사랑한다는 증거를 가진 자들이니 이들은 의인이라.

하나님의 공의는 고귀한 자로 거듭나기를 구치 않고 자기의 원래 비천한 모습이 좋다하며 세상 죄더러 나의 벗이여 하길 그치지 아니하는 도적들이 영생과 안식을 누리려고 하나님 나라에 들어오려 함을 막아서는 문지기와 같으니 문 앞에서 공의는 사람들의 마음의 생각을 드러내어 여호와의 의를 따르겠다 하는 자에게는 흰 옷을 주며 들어오라 할 것이나 여호와의 의를 싫다 하며 다만 문만 열어달라고 하는 자에게는 심판이 이르게 하는도다. 그런즉 공의는 좌우에 날 선 검과 같으니 곧 하나님의 말씀이라. 입으로 주의 이름을 부르며 마음으로도 하나님의 의를 따르겠다는 자에게는 공의가 긍휼과 사랑이로되 입술로는 주의 이름을 부르나 마음으로는 하나님의 의를 비웃는 자에게는 공의가 심판의 초석이 됨이로다.

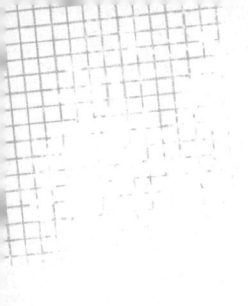

•• 세상을 돌이키려는 하나님의 공의는 믿음으로 사는 의인을 찾고 구하나니 의인을 통해 세상이 숨기고 있던 마음의 생각을 드러나게 하시고 그로 인해 세상이 죄를 자복하게하기 위함입니다.

믿음으로 제사를 드린 아벨은 아담 이후 첫 의인이요 선지자라. 여호와는 아벨을 통해 형 가인에게 자신의 마음의 생각이 드러나게 하였으니 먼저 선을 행한 아벨의 제물은 열납하였으나 선을 행치 않은 가인의 제물은 열납하지 아니함으로 가인을 심히 분하게 만드신 것입니다. 그의 안색이 변함을 보고 여호와가 가인에게 이르시되 네가 선을 행하면 어찌 낯을 들지 못하겠느냐 선을 행치 아니하면 죄가 문에 엎드리느니라 죄의 소원은 네게 있으나 너는 죄를 다스릴지니라 하셨습니다. 이는 여호와가 의인을 축복하시고 악인을 축복치 아니하심으로 악인을 기초부터 흔들고 불안하게 만드사 그가 자신의 마음의 생각을 스스로 돌아보고 죄의 마음에서 나오려는 의지를 스스로 갖도록 하기 위함입니다.

가인에게 자신의 마음의 생각을 드러나게 하는데 아벨은 또 다른 쓰임을 받았으니 곧 형 가인에게 쳐죽임을 당한 것입니다. 가인과 아벨이 들에 있을 때 가인이 아벨을 쳐죽인지라 여호와가 가인에게 일러 가라사대 네가 무엇을 하였으냐 네 아우의 핏소리가 땅에서부터 내게 호소하느니라 땅이 그 입을 벌려 네 손에서부터 네 아우의 피를 받았은즉 네가 땅에서 저주를 받으리니 너는 땅에서 피하여 유리하는 자가 되리라 하셨습니다. 이는 여호와가 악인으로 하여금 그 마음에만 있었던 악한 생각을 행동으로까지 옮기게 하사 악인이 그의 악함을 스스로에게 속이지 못하게 하여 악인이 자신의 악한 행동을 보고 그로 인한 경책을 받을 때 회개에 이르기를 바라시기 때문입니다.

악인의 악행은 이것이니 곧 의인을 죽이는 것이라. 악인이 다른 악인을 죽이면 그 죽임 당한 악인의 악함 때문에 죽였노라 하며 변명을 할 수 있으나 의인을 죽이면 이러한 변명을 못하리니 그 살인은 그 살인한 자의 악함을 나타내는 증거라 할 것입니다. 이렇듯 의인이 악인에 의해 죽임을 당함은 악인에게 그의 마음의 생각을 확연히 드러나게 하여 스스로 회개하고 하나님께 돌아오게 만들기 위함이니 하나님은 의인을 악인 앞에서 높이기도 하시고 악인의 손에 붙이기도 하십니다.

　예수도 세상에서 이적과 말씀의 권세로 들리었으나 세상에게 죽임을 당하셨고 바울 및 사도들도 이적과 말씀의 권세로 들리었다가 세상에게 죽임을 당하였고 말세에 나올 두 증인도 이적과 말씀의 권세로 들리었다가 세상에게 죽임을 당할 것입니다. 이는 모두 죄인과 악인에게 하나님의 공의로 말미암아 거울에 비췬 자신의 모습을 보게 하고 그들이 스스로 하나님께로 돌아오도록 의인이 쓰임을 받은 것입니다. 아벨의 피와 사도의 피와 두 증인의 피는 다만 죄인과 악인을 뉘우치게 하거나 심판의 증거로써 유익할 뿐이요 대속의 능력이 있는 예수의 피보다 못하나 하나님은 예수의 복음이 세상에 퍼져가고 있는 지금도 하나님의 공의를 악인에게 드러낼 의인을 찾고 계십니다.

　의인은 항상 하나님 편이라. 살아도 하나님 것이요 죽어도 하나님 것이요 하나님이 자신을 어떻게 사용하여도 분하다 하지 않으며 자기를 상해한 세상에게 복수를 구하지 아니하며 감사하길 그치지 아니하니 하나님은 안심하고 의인을 쓰시며 그를 기뻐하시며 예수와 함께 그를 살리기를 분주히 하시도다. 아벨이 죽임을 당한 이후 아벨의 피를 갚고 그를 신원하여준 자가 누구뇨. 아벨의 아버지 아담도 아니요 아벨의 동생 셋도 아니니 아무도 없음이라. 하나님은 오히려 땅에서 피하며 유리하다가 나를 만나는 자가 나를 죽이겠나이다 하는 가인에게 이르시되 그렇지 않다 가인을 죽이는 자는 벌을 칠 배나 받으리라 하시고 가인에게 표를 주사 만나는 누구에게든지 죽임을 면케 하셨으니 하나님은 가인의 범죄를 사망으로 갚지 않으셨음이라. 이 모두 악인을 구원하기 위한 하나님의 사랑이니 예수가 의인을 구하러 온 것이 아니요 죄인을 구하러 온 것과 같이 아벨이 그러하였음이요. 곧 여호와가 여호와의 삶을 두고 맹세하여 이르시되 나는 악인의 죽는 것을 기뻐하지 아니하고 악인이 그 길에서 돌이켜 떠나서 사는 것을 기뻐한다고 하심과 같음이라.

   그러나 아벨과 같은 의인이 흔치 않으며 하나님도 의인을 악인의 손에 붙임을 기뻐하지 아니하시니 의인도 단지 인생임을 기억하시기 때문입니다. 의인 또한 한갓 인생이기에 하나님은 세상으로 의인을 보내실 때도 무거운 멍에를 지우지 않으시고 감당할 만한 시련만 받게 하시니 하나님은 우리에게 은혜와 능력을 넉넉하게 주시는 분이십니다. 그러므로 우리가 두려운 마음으로 기도하길 의인을 악인의 손에 붙임으로 악인을 깨우치기보다는 의인을 악인 앞에서 높이심으로 악인이 깨닫게 해달라고 하는 것이 아닙니까. 예수께서도 우리에게 기도를 가르쳐주실 때 시험에 들지 말게 하옵시고 다만 악에서 구하옵소서라 하셨으니 의인도 하나님 앞에서 한갓 인생임을 고백하는 것이요 우리의 희생을 통해 악인이 깨우친다하여도 그것이 우리의 영광이 되지 못함을 고백하는 것입니다.

　자신의 의로 선을 행할 수 있다하고 자기의 의에 따라 나라를 이루며 백성을 다스릴 수 있다고 자랑하나 실상은 그 마음에 교만이 가득하고 이방인을 핍박하며 그의 의의 기초는 사랑과 긍휼에 있지 않고 단지 자신의 배를 불리는 많은 식량과 아무나 죽일 수 있는 권세와 이웃을 노략할 수 있는 군대에 있는 자들에게 하나님은 그들의 목전에서 의인을 높이시사 그들의 교만함과 헛된 의를 드러내시고 허무시나니 곧 애굽 앞에서 모세를 통해 보이신 여호와의 이적입니다. 의인을 통해 애굽을 낮추심은 애굽에 대한 심판이 아니요 애굽으로 하여금 여호와를 알 수 있는 기회를 주사 후에 애굽을 판단할 때 여호와는 공의로우시다는 말을 모든 이로부터 듣기 위해서입니다.
　애굽의 바로가 이스라엘 백성을 놔주지 않기로 여호와가 피와 개구리와 이와 파리와 악질과 독종의 재앙을 내렸으나 바로는 회개치 아니하였으니 이들 재앙으로 생축은 죽었어도 아직 그들이 먹을 수 있는 채소가 밭에 있었기 때문이었습니다. 그러나 하나님이 우박으로 사람과 짐승을 무론하고 무릇 밭에 있는 것을 치시고 우박이 또 밭의 모든 채소를 치자 바로가 모세와 아론을 불러 이르되 이번은 내가 범죄하였노라 여호와는 의로우시고 나와 나의 백성은 악하도다 하였으니 바로가 여호와 앞에서 자신의 의를 낮추고 여호와의 의를 높임은 애굽의 의는 그들의 배를 채우는 식량 위에 세워진 헛된 의였기 때문입니다. 그러나 모세로 인하여 우박이 그치자 보리는 우박으로 상했으나 밀과 나맥은 자라지 아니한고로 아직 상하지 아니한지라 바로의 마음은 다시 강퍅하여져 이스라엘 백성을 놔주지 않았습니다.

이에 여호와가 나머지 재앙을 모두 내리고 애굽의 장자를 모두 죽이자 바로가 모세와 아론을 불러서 이르되 내 백성 가운데서 떠나라 하고 너희 말대로 너희의 양과 소도 몰아가라 하고 나를 위하여 축복하라 하였으며 애굽 사람들도 말하기를 우리가 다 죽은 자가 되었도다 하고 이스라엘 자손에게 은 패물과 금 패물과 의복을 주었습니다. 이는 모세가 태어날 즈음에 히브리 사내아이를 모두 하수에 던지라 명했던 바로의 권세가 여호와 앞에서는 가소로운 것이 되었기 때문이요 오히려 그 명령의 악한 결과가 자기들을 덮쳤음을 두려워했기 때문입니다. 바로가 입을 열어 그들의 생명을 지키는 것은 여호와의 축복이라고 고백하였으니 애굽의 의는 히브리 사내아이를 마음대로 죽일 수 있던 바로의 권세

위에 세워진 것이라 그 권세가 여호와 앞에서 무너지자 바로는 자기의 의를 낮추고 하나님의 축복을 구하였습니다.

그러나 바로의 의를 지탱하는 마지막 하나가 남아 있었으니 곧 바로의 군대였습니다. 식량이 없어지고 권세가 없어졌어도 군대가 남아 있기로 군대를 보내 이웃의 식량을 빼앗고 마음대로 죽일 수 있는 약한 백성을 데려오면 자신의 의를 굽힐 필요가 없었습니다. 바로가 이스라엘 백성을 보낸 후에 다시 이르길 어찌 이같이 하여 이스라엘을 우리를 섬김에서 놓아 보내었는고 하며 곧 그 병거를 갖추고 특별 병거 육백 승과 애굽의 모든 병거를 발하고 장관들이 다 거느리게 하여 이스라엘 자손의 뒤를 따랐습니다. 이에 홍해를 갈라 이스라엘 백성을 건너게 하시며 여호와가 말씀하시되 내가 애굽 사람들의 마음을 강퍅케 할 것인즉 그들이 그 뒤를 따라 들어갈 것이라 내가 바로와 그 모든 군대와 그 병거와 마병을 인하여 영광을 얻으리니 내가 바로와 그 병거와 마병으로 인하여 영광을 얻을 때에야 애굽 사람들이 나를 여호와인 줄 알리라 하셨습니다.

물이 다시 흘러 병거들과 기병들을 덮되 그들의 뒤를 쫓아 바다에 들어간 바로의 군대를 다 덮고 하나도 남기지 아니하였고 이스라엘 자손은 바다 가운데 육지로 행하였고 물이 좌우에 벽이 되었는지라 그 날에 여호와께서 이같이 이스라엘을 애굽 사람의 손에서 구원하시매 이스라엘이 여호와께서 애굽 사람들에게 베푸신 큰일을 보았으므로 백성이 여호와를 경외하며 여호와와 그 종 모세를 믿었습니다. 이처럼 그날에 이스라엘은 물론이요 애굽 사람들도 하나님을 여호와인 줄 알게 되었으니 여호와가 모세를 바로에게 신이 되게 하신 것은 자신의 헛된 의를 내세우는 자에게 하나님의 사람을 통해 그의 마음의 생각을 드러나게 하심이요 바로의 군대를 모두 물에 덮어버림은 애굽을 심판하기보다는 애굽이 하나님을 알고 구원에 이르게 하기 위함입니다. 그리하여 하나님은 이스라엘에게 이르시길 너희는 애굽 사람을 미워하지 말라 네가 그의 땅에서 객이 되었음이니라 하셨습니다.

•• 하나님은 의인이 하나님의 이름으로 공의와 긍휼을 베풀어 그의 이웃들에게 하나님의 의가 세상에 있음을 알게 하시고 이로 인해 하나님이 세상을 심판하실 때 공의로우시다 함을 얻기 위하여 의인을 세상으로 보내시나니 이스라엘이 에돔과 암몬과 모압 및 그 이웃에게 보내어짐이 이와 같았습니다.

에돔과 모압과 암몬은 하나님의 선택을 받지 못했으나 이스라엘을 통해 복을 받아야 하는 족속들이었습니다. 죄악이 가득 찬 땅은 가나안 땅뿐만이 아니요 가나안 동쪽의 암몬 땅 및 모압 땅과 가나안 남쪽의 에돔 땅도 그러하였습니다. 에돔 땅에는 원래 호리 사람이 거하였으나 이들의 죄악이 가득한지라 여호와께서 야곱의 형 에서의 자손에게 이 땅을 주고자 호리 사람을 멸하셨습니다. 암몬 땅에서는 아낙 자손과 같이 키가 큰 르바임이 살고 있었으나 이들의 죄악이 가득한지라 여호와께서 아브라함의 조카 롯의 둘째 아들의 자손에게 이 땅을 주고자 르바임을 멸하셨습니다. 모압 땅에도 원래 르바임이 살고 있었으나 아브라함의 조카 롯의 첫째 아들의 자손이 차지하게 되었습니다. 암몬 족속과 모압 족속과 에돔 족속은 모두 이스라엘이 여호와의 주신 기업의 땅에서 행한 것과 일반으로 그들의 땅에서 호리와 르바임에게 행하였습니다.

이들은 모두 하나님의 택함을 받지 못한 족속들이었으니 하나님은 롯을 택하지 않고 대신 그의 삼촌 아브라함을 택하셨고 에서는 택하지 않았으나 그의 동생 야곱은 택하셨음이라. 이로 인해 이들은 아버지를 원망하였으나 하나님은 이들을 잊지 않으시고 이들을 위해 땅을 마련해 주신 것입니다. 또한 이들 이스라엘 동족들로 하여금 이스라엘보다 먼저 가나안 주변 땅을 차지하게 하심은 이스라엘이 가나안 땅을 정복할 때 주변의 세력으로부터 방해받지 않게 하기 위함이요 또한 이스라엘이 가나안 땅에서 하나님의 공의와 긍휼을 베풀 때 이를 보고 제일 먼저 하나님께 돌아올 족속이 이스라엘과 가장 가깝게 위치한 에돔과 암몬과 에돔이 되게 하기 위함이었습니다.

이것이 하나님의 택함을 받지 못한 족속 곧 이스라엘의 동족에 대한 하나님의 기뻐하시는 뜻이었습니다. 하나님의 택함을 받은 백성은 홍해를 가르고 물을 좌우에 벽처럼 세우시는 하나님의 이적과 성막을 충만하게 덮는 하나님의 영광을 직접 보고 경험한 후에 하나님의 의를 선택하도록 이끄셨으나 하나님의 택함을 받지 못한 족속은 하나님의 이적과 구름 같은 여호와의 영광을 직접 보지 않고 다만 하나님의 말씀을 따르는 이웃의 말과 행동만 보고 하나님의 의를 선택하도록 이끄신 것입니다. 따라서 이들은 보지 않고 믿을 수 있는 기회를 가진 사람들이요 자신의 자유로운 의지를 가지고 스스로 하나님의 의를 소망할 수 있는 사람들이요 곧 말세에 이름도 없이 하나님을 증거 하는 허다한 무리 중에 속한 사람들이니 어찌 이들을 통해 나타나는 하나님의 영광이 이스라엘을 통해 나타나는 하나님의 영광보다 못하다 할 수 있으리오.

하나님은 야곱은 사랑하였고 에서는 미워하였다하는 말씀은 야곱은 선택을 받아 하나님이 그에게 직접 여호와의 영광을 들어내실 것을 뜻함이요 에서는 선택을 받지 않아 그에게는 여호와의 영광을 들어내지 않을 것을 뜻함입니다. 그러나 하나님의 선택을 받지 않음으로 인하여 에서는 보지 않고 믿는 첫 열매가 될 수 있었고 이웃 나라 이스라엘을 통해 스스로 하나님의 의를 택하는 첫 족속이 될 수 있었으므로 하나님이 에서를 미워하였다함은 곧 하나님이 지극히 큰 사랑보다 더 큰 사랑으로 에서를 사랑하셨음을 뜻하는 것이며 이스라엘은 드릴 수 없는 영광을 에서로부터 받고 싶어 하셨다는 뜻입니다.

    그러기에 진멸의 대상인 아말렉과는 달리 하나님은 에돔과 모압과 암몬을 보전하길 원하셨습니다. 이스라엘 백성이 광야에서 에돔과 모압을 지나 요단강으로 가기 전에 하나님은 모세를 통해 말씀하시길 너희는 세일에 거하는 너희 동족 에서의 자손의 지경으로 지날진대 너희는 깊이 스스로 삼가고 그들과 다투지 말라 그들의 땅은 한 발자국도 너희에게 주지 아니하리니 이는 내가 세일산을 에서에게 기업으로 주었음이로라 하였고 너는 에돔 사람을 미워하지 말라 그는 너의 형제니라 하시며 마음으로도 그들을 적으로 여기지 말 것을 당부하셨습니다. 또한 모압과 암몬에 대해 이르길 그들을 괴롭게 말라 그들과 싸우지도 말라 그 땅을 내가 네게 기업으로 주지 아니하리니 이는 내가 롯 자손에게 기업으로 주었음이로라 하셨습니다.

    여호와의 이적과 말씀을 직접 보고 들은 백성에게서는 받을 수 없는 이 영광은 오직 여호와가 미워하는 족속 곧 하나님이 이적을 보이시거나 말씀을 주신 적이 없는 족속에게서만 받을 수 있었으니 예수는 이스라엘의 또 다른 이웃 두로를 통해 이를 다시 보여주셨습니다. 예수가 두로와 시돈 지방으로 들어가실 때 가나안 여자 하나가 그 지경에서 나와서 소리 질러 가로되 주 다윗의 자손이여 나를 불쌍히 여기소서 내 딸이 흉악히 귀신 들렸나이다 하였으나 예수는 한 말씀도 대답지 아니하시고 오히려 대답하여 가라사대 나는 이스라엘 집의 잃어버린 양 외에는 다른 데로 보내심을 받지 아니하였노라 하였고 또 가라사대 자녀의 떡을 취하여 개들에게 던짐이 마땅치 아니하니라 하셨습니다.

예수가 이처럼 두로의 여인을 사람들 앞에서 냉대하심은 만인에게 두로 및 그 사람들에게는 하나님이 이적을 베풀거나 은혜를 주지 않기로 하셨음을 모든 사람들에게 확인시키기 위함입니다. 이에 여자가 가로되 주여 옳소이다마는 개들도 제 주인의 상에서 떨어지는 부스러기를 먹나이다 하자 예수께서 대답하여 가라사대 여자야 네 믿음이 크도다 네 소원대로 되리라 하시니 그 시로부터 그의 딸이 나았습니다. 예수가 돌이켜 다시 만인 앞에서 두로의 여인의 청을 들어주심은 이적과 말씀을 받지 않은 두로의 여인에게도 그녀가 하나님을 스스로 소망했을 때 하나님의 이적과 은혜가 임하였음을 보여주기 위함이요 그러므로 두로의 여인을 통하여 하나님이 이스라엘이 드릴 수 없는 영광을 받으셨음을 보이시기 위함입니다.

예수는 사람의 아들이요 하나님을 경외하고 공의와 긍휼로 율법을 다 지킨 유일한 이스라엘 사람입니다. 따라서 이스라엘이 율법을 지키고 공의를 행하면 이웃 족속들이 이를 보고 하나님께 돌아오라는 하나님의 말씀은 예수에게 합당한 것이되 십자가에서 돌아가시기 전의 예수에게도 합당한 것입니다. 두로의 여인은 이스라엘의 청년 예수가 전파하시던 복음을 익히 듣고 그가 이스라엘 백성에게 베푼 선행과 이적을 이미 보고 이방인인 자신에게도 하나님의 은혜가 내려질 것을 소망하였으니 이스라엘의 착한 행실과 여호와의 권능을 보고 이웃 나라의 여인이 하나님께 돌아온 것이요 홍해의 이적과 율법을 받지 못한 이방인이 하나님께 영광을 돌린 것입니다.

예수는 이 영광을 아버지가 받으시도록 두로의 여인을 처음에 냉대하셨다가 이후 그 여인의 소망에 따라 은혜를 주신 것이니 하나님이 에돔과 암몬과 모압과 두로를 택하지 않으신 이유가 이처럼 이들로부터 영광을 받기 위해서라 어찌 말하지 않을 수 있으리오. 또한 이들이 하나님께 영광을 돌리고 하나님의 의를 택하기로 작정한다면 이는 사람들이 보기에 하나님이 먼저 이들에게 나타나셔서 이들이 하나님을 택하도록 강권한 것이 아니요 이들 스스로 이웃 나라의 의로움을 보고 하나님의 의를 선택한 것이니 이후 하나님이 이들에게 영원한 안식으로 상 주실 때 누가 이들의 상 받음을 공의롭지 못한 판결이다 하며 송사할 수 있으리오.

**••** 의인은 하나님의 공의가 이 땅에서 행해지고 이웃에게 전파되어 하나님의 나라와 의가 하늘에서 이루어진 것처럼 땅에서도 이루어지도록 세상으로 보내진 자들이거늘 이러한 의인들이 공의와 긍휼 행함을 구차히 여기고 세상과 구별되지 못한 삶을 산다면 누가 하나님의 의가 세상에 있음을 알릴 수 있겠습니까. 하나님은 의인들이 이 사명을 다하지 못할 때 반대로 여호와를 알지 못하는 이웃을 사용하여 하나님의 의를 세상에 알리시나니 곧 그 이웃의 손을 들어 하나님의 백성을 징계하게 하사 그 이웃으로 하여금 하나님은 그가 택한 족속이든 택하지 않은 족속이든 무론하고 악행을 하는 자는 벌하시고 징계하시는 공평하고 공의로우신 분임을 알게 하는 것입니다.

또한 이 징계로 인하여 그의 택하신 백성이 멸망하지 않고 다시 일어날 것도 이웃 나라가 목도하게 하셨습니다. 이는 여호와는 모든 죄인 앞에서 공평하시나 죄인이 죽는 것을 바라지 않고 살기를 원하여 죄인에게 방책을 베푸시는 긍휼의 신임을 알게 함이요 또한 세상의 주권은 여호와께 있음도 알게 함입니다.

에돔과 모압과 암몬은 그들의 동족 이스라엘 백성이 애굽에서 노예가 되었음을 바라보면서 이미 만족하고 있었습니다. 비록 여호와의 선택을 받지 못했으나 그들은 가나안 땅 주변에서 원주민을 몰아내고 땅을 차지하였고 백성의 수도 늘어나 부족함이 없었습니다. 그러나 하나님의 선택을 받았다는 이스라엘은 한 때는 애굽으로 가서 호화로운 생활을 했으나 곧 그 땅의 노예로 전락하였고 자기들이 스스로 다스릴 수 있는 땅도 없는지라 에돔과 암몬과 모압이 보기에는 이스라엘의 처지가 그들 마음에 즐거움이었으며 오히려 여호와의 선택을 받지 않은 것이 다행이라 여겼습니다. 그리하여 그들은 자기의 백성을 노예에서 구원하지도 못하는 여호와를 버리고 자기들을 위해 우상을 세워 섬겼으니 곧 모압이 섬긴 그모스와 암몬이 섬긴 밀곰 몰렉과 에돔이 섬긴 또 다른 신들이라.

그러던 중에 이스라엘 백성이 모세의 인도를 따라 애굽을 나와 홍해를 건너고 시내 산에서 여호와를 위해 제사를 드리고 여호와가 그들 앞에 나타났다는 소문이 들리자 그들의 마음은 다시 불편하여졌으니 그동안 자기들의 위안으로 삼았던 것들이 뒤집어져 오히려 자기의 마음을 찌르는 가시가 될 수 있음이라. 그러나 하나님은 이들을 다시 아버지께 돌아오게 하려고 이스라엘을 그들에게 보내시는지라 하나님이 자기 백성도 구원하지 못하는 신이라고 생각하는 그들의 마음을 고쳐주길 원하셨습니다. 그래서 이스라엘이 에돔을 만날 때 에돔에게 할 말을 모세에게 주셨으니 곧 우리 하나님 여호와가 우리의 하는 모든 일에 복을 주고 우리가 이 큰 광야에 두루 행함을 알고 우리 하나님 여호와가 이 사십년 동안을 우리와 함께 하였으므로 우리에게 부족함이 없었느니라 한 것입니다. 그러나 이 말은 에돔에게는 더욱 듣기 싫은 것이 되어 에돔은 이스라엘 백성을 반기기보다는 오히려 냉대하며 그들이 자신들의 땅을 지나지 못하게 하였습니다.

이스라엘이 에돔 변경을 따라 진행하여 요단 건너편 곧 여리고 맞은편 모압 평야에 진을 쳤을 때 모압도 에돔과 같이 그들의 동족 이스라엘을 반기기보다는 두려워하고 번민하였으니 십볼의 아들 모압 왕 발락이 브올의 아들 복술사 발람을 불러 이스라엘을 저주케 하였음이라. 그러나 하나님이 발람의 입을 열어 이스라엘 백성을 저주하기 보다는 도리어 세 번씩이나 축복하게 하였습니다. 그가 세 번의 축복 후에 노래를 지어 이르길 내가 그를 보아도 이때의 일이 아니며 내가 그를 바라보아도 가까운 일이 아니로다. 한 별이 야곱에게서 나오며 한 홀이 이스라엘에게서 일어나서 모압을 이편에서 저편까지 쳐서 파하고 또 소동하는 자식들을 다 멸하리로다. 그 원수 에돔은 그들의 산업이 되며 그 원수 세일도 그들의 산업이 되고 그 동시에 이스라엘은 용감히 행동하리로다 주권자가 야곱에게서 나서 남은 자들을 그 성읍에서 멸절하리로다 하고 아말렉과 가인 족속도 저주하였습니다.

　그러나 이렇게 이스라엘을 축복하던 발람도 싯딤에서 이스라엘 백성을 바알브올에게 부속시켜 모압 여자들과 음행하게 하였는지라 하나님이 염병을 보내 이스라엘 백성 이만 사천 명을 죽였으니 제사장 아론의 손자 엘르아살의 아들 비느하스가 진중에서 행음하던 시므온 지파의 족장 살루의 아들 시무리와 미디안 백성 한 종족의 두령이던 수리의 딸 고스비를 여호와의 질투심으로 꿰뚫어 죽인 다음에서야 염병이 그쳤습니다. 모압은 이스라엘을 축복하는 하나님의 말씀과 예언을 듣고도 싯딤에서 결국은 이스라엘을 원수로 만들었으니 이는 여호와가 아브라함의 씨를 택하셨음을 매우 싫어하였고 그로 인해 야곱의 자손이 그들의 눈앞에서 융성해지는 것을 볼 수 없었음이라.

여호수아에 의해 가나안 땅을 나누어 차지한 후 이스라엘 자손이 하나님 여호와를 버리고 여호와의 목전에 악을 행하며 이방 신을 섬겼을 때 여호와께서 이스라엘에게 진노하사 노략하는 자의 손에 붙여 그들로 노략을 당케 하셨으되 먼저 모압으로 하여금 이스라엘을 쳐서 종려나무 성읍을 점령케 하였습니다. 모압은 하나님 여호와에게 대적하고 이스라엘을 저주한 족속이라. 하나님은 그 모압에게 자신의 백성을 붙였으니 이 세상 어느 누가 자신의 자식을 경책하기 위하여 자기 원수의 손에 자기 자식을 붙이리오. 세상의 어느 신도 이렇게는 하지 않으니 하나님이 이스라엘을 모압에게 붙이심은 모압으로 하여금 여호와는 복수심으로 굽은 판정을 내리지 않으시고 공평하시며 자기의 백성이어도 행악할 때 징계하시는 이임을 알게 하기 위함이라.

또한 이스라엘이 모압 아래서 괴로워 부르짖었을 때 여호와가 사사 에훗을 보내 이스라엘을 모압의 손에서 구원하셨습니다. 이 또한 모압으로 하여금 하나님은 그의 백성을 징계하시되 그들을 영원히 버리지 아니하며 또한 여호와의 손이 모압의 신보다 강함을 알게 하기 위함이었습니다.

여호와는 암몬에 대해서도 그리하셨습니다. 이스라엘이 다시 행악하며 바알들과 아스다롯과 아람의 신들과 시돈의 신들과 모압의 신들과 암몬 자손의 신들과 블레셋 사람의 신들을 섬기므로 여호와가 암몬 자손의 손에 파시매 이스라엘 자손이 학대를 당하고 곤고가 심하였습니다. 게다가 암몬이 보기에 요단 동쪽 길르앗 땅에서도 이스라엘이 암몬의 신 그모스를 섬기는지라 길르앗 땅도 암몬의 것이라 여겼습니다. 그모스가 일전에 암몬 족속 앞에서 아낙 자손과 같이 키가 큰 르바임을 몰아내고 그들의 땅을 암몬 족속에서 주었듯이 길르앗도 그모스가 암몬에게 주었다고 생각한 것입니다.

암몬은 학대를 넘어 그모스로 인하여 교만하여지고 이스라엘 자손은 여호와께 부르짖길 우리가 범죄하였사오니 오늘날 우리를 건져내옵소서 하고 자기 가운데서 이방 신들을 제하여 버리자 여호와가 마음에 근심하시다가 사사 입다를 보내셨습니다. 그리고 그의 입을 통해 암몬의 교만을 꾸짖어 이르길 삼백년 전 이스라엘이 모압의 경계 아르논을 지날 때 모압의 경내에 들어가지 않았으며 길르앗 땅은 이스라엘이 요단 강을 건너기 전 헤스본 왕 아모리 사람 시혼과 그 땅을 정복하여 취한 것이라 하였고 또한 이르되 네 신 그모스가 네게 주어 얻게 한 땅을 네가 얻지 않겠느냐 우리 하나님 여호와께서 우리 앞에서 어떤 사람이든지 쫓아 내시면 그 땅을 우리가 얻으리라. 이제 네가 모압 왕 십볼의 아들 발락보다 나은 것이 있냐고 하였으나 암몬은 여호와의 말을 듣지 않았습니다.

입다가 암몬 자손과 싸우더니 여호와께서 그들을 그 손에 붙이시매 크게 도륙하고 이에 암몬 자손은 이스라엘 자손 앞에 항복하였습니다. 이는 또한 암몬으로 하여금 이스라엘이 그들 중에서 그모스와 이방 신을 제하여 버리고 여호와께 돌아가자 암몬을 무찌르게 됨을 보게 하사 이스라엘이 암몬의 손에 잠시 넘겨짐은 그모스가 강하기 때문이 아니요 하나님은 공의로우사 그의 백성도 경책하시는 이임을 알게 하기 위함이며 또한 여호와의 손이 그모스보다 강함을 깨닫게 하기 위함이었습니다.

가나안 정복 시대에 여호와께서 남겨두신 열국 중에 블레셋 다섯 방백이 있었으되 이들에 대해서도 하나님은 여호와의 공의를 알리려 하셨습니다. 이스라엘이 다시 악을 행하매 하나님은 블레셋의 손에 이스라엘을 붙이셨습니다. 이스라엘은 긴 세월 동안 블레셋 사람의 관할 하에 있었음에도 불구하고 이전과는 달리 하나님께 부르짖지 않았으니 이는 이스라엘이 블레셋의 관할 하에서 사는 것이 나쁘지 않았음이라. 죄악 중에서도 살기를 구하지 아니하고 죄에 무뎌져 살아가던 이스라엘을 위해 여호와는 먼저 사자를 보내어 마노아라 이름 하는 자의 아내에게 이르시되 보라 네가 본래 잉태하지 못하므로 생산치 못하였으나 이제 잉태

하여 아들을 낳으리니 그가 블레셋 사람의 손에서 이스라엘을 구원하기 시작하리라 하였습니다. 그 아들은 삼손이었으니 삼손의 도래는 우리가 모두 죄인 되었을 때 곧 우리가 죄인인줄도 모르고 있을 때 우리를 구원하러 하나님이 보내신 예수의 오심과 같았습니다.

삼손이 들릴라의 재촉함과 조름에 못 이겨 자신의 큰 힘이 머리에서 나옴을 실토하고 그의 머리털 일곱 가닥이 밀리우매 블레셋 사람의 방백이 삼손의 눈을 빼고 끌고 가사에 내려가 놋줄로 매고 그로 옥중에서 맷돌을 돌리게 하였더니 방백이 가로되 우리의 신이 우리 원수 삼손을 우리 손에 붙였다 하고 다 모여 그 신 다곤에게 큰 제사를 드리고 즐거워하였습니다. 블레셋 모든 방백이 한 집에 모여 자기 신을 찬송하며 그들의 마음이 즐거울 때에 삼손을 불러내어 재주를 부리게 하자하고 그를 끌어내자 삼손이 여호와께 부르짖어 마지막 힘을 얻고 집을 무너뜨려 그 안에 있는 모든 방백과 온 백성을 죽였으니 삼손이 죽을 때 죽인 자가 살았을 때 죽인 자보다 더욱 많았습니다.

요나가 물고기 뱃속에서 사흘 동안 있다가 나옴과 같이 삼손이 옥중에 갇혔다가 나왔으며 다윗이 골리앗을 쓰러뜨림과 같이 삼손이 블레셋 방백을 쳤으며 예수가 죽음을 이기심 같이 삼손이 여호와를 대적하는 다곤의 무리를 진멸하였으니 이는 그들이 보아도 그 때의 일이 아니며 가까운 일이 아니라. 이를 보며 장차 올 일과 여호와가 세상을 위해 펼칠 기사를 알 만한 자가 블레셋 사람 중에도 없었고 이스라엘 사람 중에도 없었으므로 삼손의 행사는 블레셋에게 다만 기묘한 일이었음이라. 그러므로 삼손이 태어나기 전 그의 아버지 마노아가 여호와의 사자에게 그의 이름을 묻자 이르시되 어찌하여 이를 묻느냐 내 이름은 기묘니라 하였습니다.

암몬과 모압에게는 보이지 않았던 기묘한 일을 블레셋에게 보이셨음은 하나님이 그들에게 여호와의 영광을 드러내심을 기뻐하셨기 때문입니다. 삼손은 사사시대 말에 있었던 일이라. 마지막 두 사사였던 엘리와 사무엘 시대에도 블레셋이 이스라엘을 대적하였으니 에벤에셀에서 이스라엘과 블레셋이 싸울 때 이스라엘이 전쟁에서 이기려고 하나님의 언약궤를 가져오자 블레셋이 이르길 우리에게 화로다 누가 우리를 이 능한 신들의 손에서 건지리요 그들은 광야에서 여러 가지 재앙으로 애굽 인을 친 신들이니라 하였습니다. 블레셋도 이스라엘의 신이 큰 능력을 가지고 있음을 알고 있었으나 삼손 시대에 이스라엘을 관할하였으니 이는 이스라엘의 행실이 구별되지 못하고 다른 이방인들과 같아 블레셋에게 하찮게 보였음이라. 세상 사람들이 하나님은 가벼이 여기지 않으나 교회 다니는 사람들은 하찮게 보는 오늘과 크게 다르지 않았습니다.

그리하여 블레셋 사람들이 이르길 너희가 히브리 사람의 종이 되기를 그들이 너희의 종이 되었던 것같이 말고 대장부같이 되어 싸우라 하고 이스라엘 보병 삼만을 살육하고 하나님의 궤를 빼앗았으니 블레셋은 여호와를 보고는 두려워하였으나 공의롭지 못한 그의 백성을 보고는 오히려 용기를 얻었기 때문입니다. 하나님의 백성이 세상 사람에게 하찮은 것이 되어 더 이상 하나님의 영광을 드러내지 못하게 되었으므로 하나님이 직접 그의 영광을 블레셋에게 보이셨으니 블레셋 사람이 하나님의 궤를 다곤의 당에 두자 다곤이 훼손되었고 궤를 옮겨 두는 곳마다 그곳 사람들이 죽거나 독종이 났습니다.

이에 블레셋 사람들이 이르길 애굽 인과 바로가 그 마음을 강퍅케 한 것 같이 어찌하여 너희가 너희 마음을 강퍅케 하겠느냐 하고 궤를 이스라엘로 다시 돌려보내기로 하였습니다. 또한 이르길 여호와의 궤를 가져다가 수레에 싣고 속건제 드릴 금 보물은 상자에 담아 궤 곁에 두고 그것을 보내어 가게하고 보아서 궤가 그 본 지경길로 올라가서 이스라엘 지경의 벧세메스로 가면 이 큰 재앙은 그가 우리에게 내린 것이요 그렇지 아니하면 우리를 친 것이 그 손이 아니요 우연히 만난 것인 줄 알리라 하였습니다.

이에 수레를 끄는 암소가 벧세메스 길로 바로 행하여 대로로 가며 좌우로 치우치지 아니하였고 블레셋 방백들이 이를 목도하였습니다.

하나님이 이처럼 이방인에게 하나님을 시험하도록 허락하신 적이 없었으며 이처럼 이방인에게 성실히 답하신 적이 없었으니 이는 블레셋이 애굽과 같이 마음을 강퍅케 하지 않고 자신을 낮췄기 때문이라. 블레셋은 여호와의 궤로 인해 이스라엘의 신이 어떤 능력이 있음을 직접 알게 되었은즉 이처럼 능력 있는 여호와가 왜 그의 백성을 한때 블레셋의 손에 붙이셨는지도 충분히 숙고할 수 있었습니다. 여호와는 블레셋이 여호와의 능력과 여호와가 그의 백성을 통해 보이신 공의를 보며 스스로 깨달아 여호와께 영광 돌리기를 바라셨습니다.

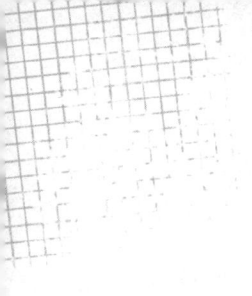

●● 하나님의 택하심을 받은 의인도 하나님의 공의와 긍휼을 실천하지 못함과 같이 의인을 징계하는 데 쓰임을 받는 이웃도 하나님의 공의와 긍휼을 이해하지 못하나니 그들은 자신이 의인을 넘어뜨릴 때 의인도 책망하시는 하나님의 공의를 깨닫기보다는 자신의 능력과 권세가 커졌다고 생각하며 교만해지기 때문이요 또한 의인이 자신에게 맡겨졌을 때 그 의인을 올바로 세우기 위한 책망을 주기보다는 하나님이 자신을 택하지 않고 저 의인을 택했던 것에 대해 복수할 기회가 왔음에 은밀히 즐거워하기 때문이요 또한 여호와는 의인에 대해 조금 노하셨으나 그들은 자신의 마음을 다 하여 의인을 죽이려 하기 때문입니다.

이에 하나님은 의인을 책망하려고 보냈던 이웃을 다시 징계하시고 오히려 책망을 받은 의인은 여호와의 미쁘심으로 인해 결국에는 하나님께 돌아올 것이며 선한 사람의 증거를 행할 것이라 선언하십니다. 이 또한 그 이웃으로 하여금 하나님의 공의는 사랑과 긍휼과 여호와의 성실 위에 세워졌으며 미움과 복수와 거짓된 마음을 감추고 정당화하려는 구실 곧 사람의 의는 하나님의 공의 앞에서 벌거벗겨질 것임을 알게 하기 위함입니다. 의인이 하나님의 공의와 긍휼을 저버림과 그가 이웃 족속을 통해 징계를 받음과 그 이웃 족속이 다시 하나님께 징계 받음으로 하나님의 공의가 의인에 의해 선포되지 않고 결국 여호와의 지혜와 모사에 의해 세상에 선포됨은 이스라엘의 멸망 과정을 통해 알려주고 있습니다.

다윗이 왕에 오르고 나라를 공의로 다스리자 이스라엘은 이 모든 족속들을 쳐서 손아래 두었습니다. 솔로몬도 말씀의 지혜를 따라 공의로 나라를 다스리자 이방 족속들이 이스라엘을 향해 이 큰 백성이 누구냐 라고 경외하며 제 발로 예루살렘을 찾아와 하나님을 찬양하고 하나님의 복을 받고 돌아갔습니다. 예수는 최후의 심판 때 이렇게 솔로몬을 통해 하나님의 말씀을 들은 사바가 이스라엘을 도리어 판단하게 될 것이라고 하셨습니다. 전쟁을 통해 정복하지 않아도 강요하지 않아도 하나님의 공의가 솔로몬을 통해 이스라엘 주변나라까지 퍼져나갔으니 잠시나마 이스라엘이 세상을 향해 왕 같은 제사장의 역할을 했었습니다.

그러나 그가 하나님을 버린 이후부터 하나님은 솔로몬의 적들을 준비시키셨으므로 에돔 사람 하닷이 일어났고 르손이 수리아 왕이 되어 대적하였습니다. 솔로몬이 죽고 이스라엘이 남유다와 북이스라엘로 나뉘면서 다시 행악하기 시작하였고 이에 주위의 이웃들도 다시 이스라엘과 유다를 대적하기 시작하였으되 이스라엘 왕 아합이 죽은 뒤 모압이 배반하였고 유다 왕 여호람 때는 에돔이 배반하여 유다의 수하에서 벗어났으며 블레셋도 유다 왕 아하스 때 유다를 다시 공격하였습니다. 그러나 이들은 사사시대처럼 이스라엘과 유다를 발아래 두지 못하였으니 이때는 이스라엘과 유다에 왕이 있었기 때문입니다.

북이스라엘과 남유다의 행악함이 그치지 않기로 하나님께서는 북이스라엘과 남유다를 흩으시기로 결정하셨습니다. 이르시되 내 종 모든 선지자를 너희에게 보내고 부지런히 보내며 이르기를 이 성이 건설된 날부터 오늘까지 나의 노와 분을 격발하므로 내가 내 앞에서 그것을 옮기려 하노니 이는 이스라엘 자손과 유다 자손이 모든 악을 행하여 내 노를 격동하였음이라 그들과 그들의 왕들과 그 방백들과 그 제사장들과 그 선지자들과 유다 사람들과 예루살렘 거민들이 다 그러하였느니라 하였습니다. 이스라엘과 유다가 멸망함을 보고 주위의 이웃들이 즐거워하였으되 에돔과 암몬과 모압이 그러하였고 블레셋과 두로와 아람이 그러하였습니다.

그러나 이스라엘과 유다가 이방 땅으로 흩어짐은 곧 그들이 살던 가나안 땅에서 의인이 사라짐을 뜻하였습니다. 죄악이 가득한 땅에서 의인까지 사라지면 더 이상 그 땅을 돌이킬 자가 없으므로 땅이 부패하는 것을 막을 수가 없는지라 하나님은 이스라엘과 유다의 멸망을 예언하면서 동시에 에돔과 암몬과 모압과 블레셋과 두로와 애굽에게도 멸망의 예언을 주셨습니다. 이 예언들은 이스라엘과 유다가 아무리 범죄 하였어도 그들은 복의 근원이었으며 그 근원이 사라진다면 그 이웃나라도 망할 수밖에 없음을 보이기 위함이요 또한 당시 자신들은 망하지 않을 것이라고 예언하던 이방신들 앞에서 장래를 정하시는 이는 오직 여호와뿐이며 여호와만이 살아 있는 하나님임을 알게 하려 함이었습니다.

또한 이스라엘과 유다의 남은 자가 다시 돌아올 것을 예언하실 때 동시에 그 주위의 족속들까지도 다시 자기 땅으로 돌아올 것을 예언하셨습니다. 이는 하나님은 모두에게 공평하고 공의로우신 분이며 그의 공의는 원수를 갚기 위함이 아니요 악인을 살리기 위함임을 이들 족속들에게 다시 한 번 드러내기 위함이었습니다. 그리고 그 결국은 그들이 여호와를 알게 하는 것이었으니 예언하시되 내가 그들에게 원수를 갚은즉 그들이 나를 여호와인 줄 알리라 하시고 또 이르시되 내가 라합과 바벨론을 나를 아는 자 중에 있다 말하리라 보라 블레셋과 두로와 구스여 이도 거기서 났다 하리로다 하시고 또 이르시되 노래하는 자와 춤추는 자는 말하기를 나의 모든 근원이 네게 있다 하리로다 하셨습니다.

북이스라엘과 남유다와 및 그 주위 족속에 대한 징계 곧 하나님의 공의로운 책망을 행할 자는 곧 앗수르와 바벨론이었으니 이들은 두로와 같이 여호와가 하늘의 아들처럼 만드신 족속들이라. 이들은 에돔과 암몬과 모압과 블레셋과 아람 같지 아니하고 하나님이 주신 능력으로 말미암아 자신의 의를 주장하는 큰 족속들이었으되 곧 자신의 의를 따라 스스로 여러 나라를 다스릴 수 있다하고 세상이 자신의 의를 따를 때 평화가 올 수 있다하는 자들이었습니다.

앗수르 사람은 하나님 동산의 백향목으로도 능히 가리우지 못할 정도로 장엄하였고 마술의 주인된 아리따운 기생이 음행으로 열국을 미혹하는 것이 옳다하는 족속이었습니다. 그리하여 유다 백성에게 이르길 너희는 히스기야의 말을 듣지 말라 앗수르 왕의 말씀이 너희는 내게 항복하고 내게로 나아오라 그리하고 너희는 각각 그 포도와 무화과를 먹고 또한 각각 자기의 우물의 물을 마시라. 내가 장차 와서 너희를 한 지방으로 옮기리니 그곳은 너희 본토와 같은 지방 곧 곡식과 포도주가 있는 지방이요 떡과 포도원이 있는 지방이요 기름 나는 감람과 꿀이 있는 지방이라. 너희가 살고 죽지 아니하리라. 히스기야가 너희를 면려하여 이르기를 여호와께서 우리를 건지시리라 하여도 듣지 말라 열국의 신들 중에 그 땅을 앗수르 왕의 손에서 건진 자가 있느냐하며 그의 의를 나타내었습니다.

바벨론 사람도 이보다 작지 아니하였으니 이들은 하나님의 아들 중에서도 아침의 아들 계명성이었음이라. 주께서 이르시길 이제 내가 이 모든 땅을 내 종 바벨론 왕 느부갓네살의 손에 주고 또 들짐승들을 그에게 주어서 부리게 하였다하고 또 이르시되 바벨론 왕 느부갓네살을 섬기지 아니하는 국민이나 그 목으로 바벨론 왕의 멍에를 메지 아니하는 백성은 내가 그의 손으로 진멸시키기까지 칼과 기근과 염병으로 벌하리라 하셨습니다. 이에 그의 권세가 크게 된지라 그가 그 마음에 이르기를 내가 하늘에 올라 하나님의 뭇별 위에 나의 보좌를 높이리라. 내가 북극 집회의 산 위에 좌정하리라. 가장 높은 구름에 올라 지극히 높은 자와 비기리라 하였습니다.

이들은 자신의 의를 하나님의 의와 겨룬 자들이니 하나님이 이들의 의를 허물지 않으시고 이스라엘 백성과 그 이웃 족속들을 이들 손에 붙이심은 잠시 세상의 경영을 이들에게 맡기사 그들로 하여금 세상이 그들의 의를 따랐을 때 어떻게 되는지 깨닫게 하려 하심입니다. 곧 그들이 하나님을 경외하지 않고도 세상에게 평화를 가져다주고 세상에서 공의와 긍휼을 베푸는 큰 나라가 될 수 있도록 기회를 주사 여호와가 세상을 심판할 때 공의로우심을 드러내려 함입니다.

그러나 이들이 침략하여 다스린 나라들에서는 이들을 칭송하는 소리는 나오니 않고 오히려 그 무리가 다 속담으로 이들을 평론하며 조롱하는 시로 풍자하여 이르길 화 있을진저 자기 소유 아닌 것을 모으는 자여 언제까지 이르겠느냐. 볼모 잡은 것으로 무겁게 짐 진 자여 너를 물 자들이 홀연히 일어나지 않겠느냐. 너를 괴롭게 할 자들이 깨지 않겠느냐. 네가 그들에게 노략을 당하지 않겠느냐. 네가 여러 나라를 노략하였으므로 그 모든 민족의 남은 자가 너를 노략하리니 이는 네가 사람의 피를 흘렸음이요 또 땅에 성읍에 그 안의 모든 거민에게 강포를 행하였음이니라 하였습니다.

또한 그들은 자신의 악행과 마음의 죄를 그들의 의로 포장하기 위해 더 큰 악행과 거짓을 일삼았으니 첫째는 자기 집을 위하여 불의의 이를 취하고는 재앙을 피하기 위하여 높은 데 깃들이는 것이요 둘째는 피로 읍을 건설하고 불의로 성을 건축하여 자기의 거처를 튼튼히 하는 것이요 셋째는 그 거주민들에게 술을 마시우되 자기의 분노를 더하여 그로 취케 하고 그 하체를 드러내게 함으로 아무도 그들의 악행을 고발하지 못하고 오히려 올무에 걸려 그들의 악행에 동역하게 만들었으니 오늘날 권세 잡은 악인들이 하는 행위와 다르지 않았습니다.

그들의 의에게 세상의 경영을 맡겼을 때 그 결과가 이러하니 하나님이 이들을 다시 심판하기 위하여 메대와 바사를 세우시고 이들 연합군으로 하여금 바벨론을 멸하게 하셨습니다. 그러나 진작 책망의 대상이었던 이스라엘은 그들의 손아귀에서 빠져나와 다시 세움을 받을 것이라 하였으니 이르시되 나 만군의 여호와 이스라엘의 하나님이 이같이 말하노라 보라 내가 앗수르 왕을 벌한 것 같이 바벨론 왕과 그 땅을 벌하고 이스라엘을 다시 그 목장으로 돌아오게 하리니 그가 갈멜과 바산에서 먹을 것이며 그 마음이 에브라임과 길르앗 산에서 만족하리라.

이 모든 일은 진실로 이루어졌으되 이 일이 일어나기 오래 전에 하나님께서는 그의 선지자들을 보내 이 일을 예언케 하셨으며 단지 유다 왕에게만이 아니요 주위의 모든 족속과 앗수르와 바벨론에게도 이 예언을 보내게 하셨으니 이는 세상 만인에게 하나님은 공의로우시며 그의 공의는 하나님의 긍휼에 기초하며 세상의 경영과 장래는 오직 여호와의 손에 달려있음을 알게 하려 함이었습니다. 이로써 세상의 공의는 하나님이 보내신 의인들에 의해 선포되는 것도 아니요 그 의인을 경책하려 보내심을 받은 세상을 통해 이루어짐도 아니요 오직 여호와가 그의 손을 펼치셔야 이루어지게 됨을 세상이 알게 되었으니 때가 되매 하나님의 약속하신 공의와 긍휼 곧 하나님의 손이 직접 행하시는 공의와 긍휼의 본체이신 예수가 오심이라.

6

　•• 때가 차매 하나님이 예수를 보내셨으니 이때는 이스라엘과 주변의 족속들과 앗수르와 바벨론과 바사를 통해 세상이나 의인이나 모두 공의를 행하지 못하고 공의를 행하는 이는 여호와임을 세상에게 보이신 후라. 예수는 이 공의의 실체를 세상에 보이려 왔으니 곧 예수의 피로 세상을 구속하는 것입니다. 사람이 더 이상 율법을 지킴으로 의를 취하지 않고 예수로 나타난 하나님의 의를 믿음으로 의인이라 칭함을 받게 되었으므로 하나님의 공의는 하나님의 손이 하는 것이요 또한 하나님의 공의는 곧 긍휼과 사랑이라는 실체를 드러낸 것입니다.

　하나님이 이때를 맞추심은 하나님의 경륜인즉 사람이 이스라엘의 역사를 목도하며 자신에게 하나님의 공의가 필요함을 깨달은 후에 예수를 믿어 그가 의롭게 된다면 그는 하나님이 정한 순서를 지킨 자가 되기 때문입니다. 아담이 선악을 알기 위해 하나님이 정한 때를 기다리지 않고 거역함으로 자신의 자유로운 의지를 표명하였다면 이제 예수를 믿는 자들은 예수로 말미암아 자신의 자유로운 의지를 가지고 하나님이 정한 때를 기다렸다가 의를 얻기로 마음에 정한 사람이 된 것입니다.

이 순서를 지킴은 내가 영광을 취하지 않고 하나님이 영광을 주실 때까지 기다림이요 곧 내가 나의 영광보다 하나님을 더욱 사랑함을 나타내는 증거가 됨으로 이제 예수가 주시는 생명을 만질 수 있다는 표시입니다. 내가 비록 성경을 읽지 않아 이를 알고 있지 않다하여도 하나님은 그가 스스로 이 순서를 이루셨음으로 인해 그의 노를 푸시나니 하나님은 스스로 계신 분이라. 이에 사람도 알고 있다고 여기시고 하나님은 예수를 믿는 우리에게 영광을 주시면서 우리가 가증한 것이 되지 않을 것이라 믿으시고 또 그렇게 인도하십니다.

때가 차매 하나님이 예수를 보내신 데에는 하나님의 또 다른 경륜이 있으니 곧 택함을 받은 자들이 진정 하나님을 사랑하는지 시험하기 위함이라. 예수를 통해 나타난 하나님의 의는 율법의 규례를 폐하는 것이었던바 예수의 제자들도 이를 쉽게 받아들이지 못하였습니다. 바울이 한 때 베드로를 책망한 까닭도 여기에 있었으며 베드로에게 율법의 규례는 더 이상 필요 없으며 이방인 고넬료도 예수의 구원을 받을 수 있음을 알리기 위해 주님은 세 번의 환상을 보여주어야만 했습니다.

예수의 제자들에게도 어려운 일이었던바 하나님보다 율법의 의를 사랑하던 자 곧 자신의 의를 더욱 사랑하여 율법이 올무가 되었던 자들에게 갑자기 예수를 통해 하나님을 섬기라 함은 더욱 어려운 일이었습니다. 더구나 예수는 목수의 아들이요 세례 요한으로부터 죄를 사하는 세례를 받은 사람이라. 율법에 의하면 죄를 사하는 것은 오직 정해진 장소 곧 성전에서 피를 흘려야 하는 것이었으나 세례 요한은 광야에 이르러 죄 사함을 받게 하는 회개의 세례를 전파하였으니 종교지도자들에게 세례 요한은 눈의 가시였습니다. 또한 예수는 그들의 손에 죽었으니 자신이 죽인 자를 하나님의 새로운 의였다고 하면 누가 믿을 수 있으리오.

오히려 비느하스의 후손 곧 대제사장을 통해 구속함을 주었더라면 이스라엘은 믿었겠으나 하나님은 그렇게 하지 않으시고 예수를 보내셨음은 저들이 하나님을 진정 사랑하는지 아니면 하나님 나라의 영광만을 탐하는지 알아보려 하심입니다. 율법의 규례를 버리고 예수를 믿으라 함은 저들에게 더 이상 여호와를 섬기지 말라는 말과도 같이 들렸으니 마치 아브라함에게 후손을 약속하고는 독자 이삭을 바치라고 명하심과도 같았습니다. 이르시되 네가 네 아들 네 독자까지도 내게 아끼지 아니하였으니 내가 이제야 네가 하나님을 경외하는 줄을 아노라 하였은즉 진정 하나님을 사랑하는 자들만이 하나님이 눈을 열어 예수를 알아보게 하셨습니다. 예루살렘의 시므온이라 하는 사람이 그러하였고 아셀 지파 바누엘의 딸 안나라 하는 선지자가 그러하였습니다.

이는 택함을 받은 이스라엘이 택함을 받지 아니한 에돔과 암몬과 모압과 같이 되어 그들이 다시 하나님을 스스로 선택하게 만들려는 하나님의 공평하심이며 또한 택함을 받지 못한 족속이 하나님을 찾음과 같이 택함을 받은 족속도 간절히 하나님을 소망하길 바라는 하나님의 질투심입니다.

하나님은 예수를 믿는 자들에게도 이와 같이 하시나니 우리가 예수를 믿음은 우리가 어머니의 뱃속에 들어서기 전부터 하나님이 우리를 택하셨기 때문이라. 그러나 우리가 성령의 역사로 예수를 믿게 된 후에 하나님은 이 성령의 역사가 없이도 우리가 자유로운 의지를 가지고 스스로 하나님을 찾나 시험하십니다. 이를 위해 하나님은 히스기야에게서 잠시 떠나셨던 것처럼 우리에게 얼굴을 가리기도 하시고 욥에게 환난을 주셨던 것처럼 우리를 어려운 지경에 놓기도 하십니다. 그러나 이는 우리를 심판하려는 시험이 아니요 우리로 하여금 우리의 믿음을 알게 하려는 시험이니 그때에 우리는 예수를 다시 묵상하게 될 것인즉 우리가 예수를 통해 진정 하나님을 사랑하는지 살펴보도록 하려함이라. 예수 천당만 외쳐도 전도가 되던 우리나라에서 더 이상 이러한 성령의 역사가 일어나지 않음은 바로 우리나라의 의인들이 진정 하나님을 사랑하는지 살펴보게 하려 함이 아닙니까.

우리가 진정 하나님을 사랑하는 것은 이것이니 예수로 나타난 하나님의 의를 믿는 믿음을 버리지 않는 것이요 곧 어떤 상황에서도 우리가 의인되었음을 잊지 않는 것입니다. 예수의 피로 값없이 의인이 되었음을 믿는 자는 상황이 어렵다고 의인의 행동을 포기하지 아니하고 육신의 정욕이 유혹한다고 의인의 열매를 저버리지 아니합니다. 곧 이는 내가 벌어들인 나의 재물이니 내 마음대로 쓸 것이라 하지 아니하며 나에게 불리한줄 알면서도 나의 이웃에게 불의한 판정을 내리지 아니하며 나의 원수라 할지라도 그가 받을 비와 해를 가리지 아니하고 남들처럼 불법과 탈법을 하지 않으면 내가 뒤쳐진다 하여도 나는 그들의 자리에 서지 아니하며 남들처럼 내 자식을 가르치지 않으면 내 자식이 사회에서 낙오자가 된다는 세상의 유혹 앞에서 내 자식에게 먼저 하나님의 말씀과 공의와 긍휼을 가르치는 것입니다.

또한 내가 공의와 긍휼을 행함을 통해 나를 괴롭히는 이웃이 예수의 사랑을 알게 되기를 기도하니 이러한 자들에게 이르시되 네가 작은 능력을 가지고서도 내 말을 지키며 내 이름을 배반하지 아니하였도다 하며 또 이르길 네가 나의 인내의 말씀을 지켰은즉 내가 또한 너를 지켜 시험의 때를 면하게 하리니 이는 장차 온 세상에 임하여 땅에 거하는 자들을 시험할 때라 하십니다. 니골라 당의 교훈은 발락의 걸림돌이요 우상의 재물을 먹음과 행음하는 것이니 곧 세상을 사랑하는 것이라. 세상의 유혹과 압제 앞에서 내가 의인임을 잊지 않고 부지런히 공의와 긍휼을 행하는 것이 곧 나의 처음 사랑을 버리지 않는 것이요 차지도 아니하고 뜨겁지도 아니함을 버리고 뜨거움을 지키는 것이 아니겠습니까.

공의와 긍휼은 율법의 규례가 아니요 율법의 법도이니 하나님과 화목한 자는 당연히 그리하여야 할 것이나 공의와 긍휼을 행할 때 내가 더욱 궁핍하여지고 더욱 소외되는 때가 누구에게나 오리니 이때가 하나님이 알곡과 가라지를 나누는 때가 아니요 단지 나에게 예수를 가르치려 하는 때이길 기도해야 할 것입니다.

예수의 오심과 가르침은 구원과 동시에 혁명이요 시험입니다. 그래서 예수는 구원을 말하며 동시에 말세에 올 심판도 말씀하셨습니다. 아브라함에게 가나안을 약속하셨을 때 모세를 통해 이스라엘의 멸망을 예언하셨던 것처럼 예수가 천국을 약속할 때에는 말세와 심판을 예언하셨으니 이는 모두 하나님 나라를 소망하는 자들에게 그들이 잠들지 않고 깨어있어 그들의 소위를 살피게 하려함이라. 예수가 믿음으로 구원을 얻어 생명을 약속받은 자들에게 다시 심판의 두려움을 주시고 경고하심은 우리가 짐승처럼 주는 것만 받아먹지 않고 스스로 자유로운 의지를 가지고 하나님을 선택하고 일어나서 공의와 긍휼을 베푸는 사람이 되기를 원하시기 때문입니다. 하나님은 죽은 자와 사랑하심이 아니요 산 자와 사랑하심이 아닙니까.

하나님의 말씀이 어렵다고 하지 마십시오. 예수의 가르침이 오묘하여 따르기 힘들다고 하지 마십시오. 우리가 세상을 긍휼이 여기지 않고 우리가 예수를 믿어 이 치열한 경쟁의 세상에서 승리하고 세상의 위에 서려고 하기 때문에 하나님의 말씀이 어렵게 보이는 것입니다. 예수를 믿지 아니하는 자들도 착한 사람이면 누구나 다른 사람을 해하지 않으며 선한 일을 하면서 불우한 이웃이 있으면 도와주는 건강하고 인정 넘치는 사회를 만들고 싶어 하지 않습니까. 하나님도 바로 그의 백성들이 이 같은 나라를 건설하길 원하시니 세상의 선한 사람은 홀로이되 하나님의 백성에게는 예수의 구원과 성령의 도움까지 있으니 이같이 행하는 것이 어렵지 않습니다.

다만 이처럼 살고자 하는데 만약 어떤 이웃이 나의 삶을 시기하여 방해한다면 내 삶의 회복과 그의 구원을 위해 기도하십시오. 이처럼 살고자 하는데 만약 내가 남을 미워하기 시작한다면 내 마음의 생각을 똑바로 읽을 수 있도록 성경을 읽으십시오. 이처럼 살고자 하는데 만약 내가 남을 넘어뜨리고 남을 누르기를 즐겨함이 발견된다면 예수를 묵상하십시오. 이처럼 살고자 하는데 내가 거짓 증언을 하고 왜곡된 판정을 하여 이웃을 강탈하고 있다면 회개하고 예수의 구원을 소망하십시오. 이처럼 살고자 하는데 이처럼 사는 나를 보고 칭찬하지 않는 이웃을 저주하고 있는 내가 발견된다면 그때는 왜 하나님이 이 두꺼운 성경을 그 오랜 세월에 걸쳐 쓰셨는지 이해하게 될 것입니다.

∙∙ 유다 및 그 이웃 족속들과 앗수르 및 바벨론의 멸망은 곧 말세에 올 심판의 그림자이니 유다가 땅에서 쫓겨 갈 때 그 주위 족속들도 환난을 받았으며 이들 족속들에게 환난을 준 권세도 심판을 받았던 것처럼 말세에도 하나님이 의인을 이 세상에서 데려가실 때 세상이 마지막 화를 받고 세상에게 죽음과 유혹을 가져온 하나님의 원수도 심판을 받게 됨이라.

그러한즉 앗수르와 바벨론이 하나님 동산의 백양목보다 큰 하늘의 아들처럼 만들어졌음은 하나님의 큰 경륜입니다. 이들이 하늘의 아들처럼 크게 지음을 받았음으로 하나님의 원수도 자신의 마음 속 깊고 큰 생각으로 이들을 유혹할 수 있었으니 곧 하나님 없이 네가 평화로운 세상을 만들 수 있다고 부추기는 것이었습니다. 이들은 하나님으로부터 권능을 받았을 때 겸손하지 못하고 대신 하나님의 원수가 주는 유혹을 좋게 여겨 교만하여졌으므로 하나님이 이들을 멸망시킴은 곧 자기 스스로 의로울 수 있다는 하나님의 원수를 책망하신 것입니다.

그러므로 이들을 보면 하나님의 원수가 어떻게 행사하며 결국 원수가 어떻게 하나님의 공의로운 심판을 받게 되는지 알 수 있습니다.

하나님의 원수가 행하는 바는 이러하니 마음의 생각으로는 자기 집을 위하여 불의의 이를 취하고 자신의 영광을 구하되 머리의 생각으로는 자신은 정의를 행한다하는 것입니다. 그리하여 그들은 유다를 치고 강포를 행하면서도 스스로 말하기를 유다는 여호와 곧 의로운 처소시며 그 열조의 소망이신 여호와께 범죄하였은즉 우리가 유다와 예루살렘을 침은 무죄하다 하였습니다.

이렇게 거짓된 마음을 정의의 이름으로 합리화하는 원수 앞에서 하나님은 이들을 바로 멸하지 않으시고 오히려 그들에게 세상을 맡기사 그들의 강포함이 행동으로 나타나게 하셨으니 이는 그들의 마음이 열매 맺게 하여 그들이 악하다는 증거로 삼으심이라. 그리하여 이르시되 바벨론아 내가 너를 잡으려고 올무를 놓았더니 네가 깨닫지 못하고 걸렸고 네가 나 여호와와 다투었으므로 만난 바 되어 잡혔도다하였습니다. 그러므로 우리는 의인과 세상 간의 싸움은 의의 싸움이요 그 판정의 근거는 행동의 열매임을 알고 있습니다.

　이같이 원수의 악한 행동을 드러내기 위해 의인이 필요하나니 곧 가인의 악을 드러내기 위해 아벨이 죽임을 당한 것과 같이 의인이 악인에 의해 희생을 당함이라.
　이 희생은 악을 심판하기에 충분한 수가 채워져야 한즉 말세에 하나님의 말씀과 저희의 가진 증거를 인하여 죽임을 당한 영혼들이 가로되 참되신 대주재여 땅에 거하는 자들을 심판하여 우리 피를 신원하여 주지 아니하시기를 어느 때까지 하시려나이까 하니 주께서 각각 저희에게 흰 두루마기를 주시며 가라사대 아직 잠시 동안 쉬되 저희 동무 종들과 형제들도 자기처럼 죽임을 받아 그 수가 차기까지 하라 하셨습니다.
　그 수가 차서 심판하기에 충분한 증거가 마련되어도 원수 및 그 따르는 자들은 결코 회개치 아니할 것이라. 만약 증거 앞에서 회개할 수 있는 자였다면 하나님의 미쁘심에 따라 예수를 믿었을 것입니다. 원수는 이 충분한 증거에도 불구하고 자기가 옳다하고 자기를 심판하는 하나님은 틀렸다고 대적하니 심판을 받아 어두운 곳에 던져진 다음에도 억울하여 슬피 울며 이를 갈 것이라 하였습니다.

따라서 말세에 의인도 환난을 받으려니와 이는 그의 죄 값을 치르는 것이 아니요 악을 드러내기 위한 증거가 됨이라. 예수는 말하되 그 때에 사람들이 너희를 환난에 넘겨주겠으며 너희를 죽이리니 너희가 내 이름 때문에 모든 민족에게 미움을 받으리라 하였고 또 이르시되 그 날들을 감하지 아니하면 모든 육체가 구원을 얻지 못할 것이나 택하신 자들을 위하여 그 날들을 감하시리라 하였습니다. 환난으로 말미암아 의인의 믿음을 잃게 됨을 원치 않으시는 하나님은 그들에게 미리 이를 알려주시고 예비시키시나니 곧 말세에 대한 묵시라. 예수도 제자들에게 미리 말씀하여 그들을 예비시킨 것과 같이 사도 요한을 통해 모든 믿는 자들을 예비시킨 것입니다.

환난은 죽임 당하신 어린 양이 첫째 인봉을 떼면서 시작되나 여섯째 인봉이 때진 후 이스라엘의 십사만 사천 명과 흰 옷 입은 무리 곧 하나님의 종들은 이마에 인 치심을 받게 되니 나팔이 불 때 오는 재앙과 다섯째 나팔이 불 때 오는 첫째 화와 여섯째 나팔이 불 때 오는 둘째 화는 그들을 상해하지 못할 것입니다.

이 첫째 화와 둘째 화는 하나님의 심판이 아니요 세상 사람들을 하나님께로 돌아오게 하려는 책망이되 하나님의 인 치심을 받지 않고 이때까지 남아 있는 자들은 마음이 완악하여 두 가지 화를 당하여도 회개치 않고 우상에게 절하기를 계속할 것입니다. 이에 하나님은 두 증인을 저들에게 보내어 일천 이백 육십 일을 예언케 하시고 이후 두 증인의 죽임 당함과 다시 살아남과 구름 타고 하늘로 올라감을 저들에게 보이시면 그 남은 자들이 두려워하여 영광을 하늘의 하나님께 돌리게 될 것이라 하였으니 곧 하나님의 인 치심을 받지 않은 자 중에서도 이 때 하나님께 돌아올 자들이 있을 것임을 말하고 있습니다.

악을 심판하기 위한 의인의 증거는 이후로부터 요구되리니 그리스도로 인해 쫓겨난 사단이 이 땅에서 그 모습을 드러낼 때부터. 그리스도의 권세가 세워짐과 그 형제들의 이김으로 인해 미가엘과 그의 사자들에게 쫓기어 하늘에서 땅으로 내려오게 된 머리가 일곱이요 뿔이 열인 붉은 용 곧 옛 뱀이요 마귀라고도 하고 사단이라고도 하는 온 천하를 꾀는 자가 분노하여 돌아가서 하나님의 계명을 지키며 예수의 증거를 가진 자들로 더불어 싸우려고 바다 모래 위에 서고 그가 뿔이 열이요 머리가 일곱인 한 짐승을 바다에서 불러 그에게 자기의 능력과 보좌와 큰 권세를 주리니 이때가 사단이 그 모습을 드러낼 때입니다.

이때 죽임을 당한 어린 양의 생명책에 창세 이후로 녹명되지 못하고 이 땅에 사는 자들은 짐승에게 경배하여 가로되 누가 이 짐승과 같으뇨 누가 능히 이로 더불어 싸우리요 할 것이며 그 짐승은 마흔두 달 일할 권세를 받아 참람된 말을 하며 입을 벌려 하나님을 향하여 훼방하고 성도들과 싸워 이기게 되리니 이때 하나님의 인 치심을 받은 성도들도 희생을 당할 것입니다. 택하신 자들을 위하여 그 날들을 감하시리라고 예수가 말한 때가 이때이며 사단의 악이 드러나 증거가 되는 때이기도 합니다. 그러나 성도를 희생시킨 자들도 같이 망함으로 인해 성도들이 믿음과 용기를 잃지 않게 되리니 하나님은 이때를 말하며 또한 이르시되 사로잡는 자는 사로잡힐 것이요 칼에 죽이는 자는 자기도 마땅히 칼에 죽으리니 성도들의 인내와 믿음이 여기 있느니라 하셨습니다.

이때에 또 다른 짐승이 땅에서 올라와 이적을 행함으로 땅에 거하는 자들을 미혹하며 짐승의 우상에게 생기를 주어 그 짐승의 우상으로 말하게 하고 또 짐승의 우상에게 경배하지 아니하는 자는 몇이든지 다 죽이게 하며 모든 자에게 그 오른손에나 이마에 표를 받게 하고 누구든지 이 표를 가진 자 외에는 매매를 못하게 하니 이 표는 육백육십육이요 곧 짐승의 이름이나 그 이름의 수요 사람의 수라 하였습니다. 이로써 짐승을 따르는 자들도 인침을 받아 알곡과 죽정이가 확연히 나뉘었으니 심판의 때가 이르게 되었습니다.

곧이어 흰 구름 위에 앉아 금 면류관을 쓴 사람의 아들과 같은 이가 이한 낫을 손에 쥐고 땅에 휘둘러 다 익은 곡식을 땅에서 거두니 이는 마지막 환난 곧 세 번째 화와 심판이 오기 전에 성도들을 데려감이라. 악인의 증거가 충분히 마련되었음으로 의인의 희생이 더 이상 필요 없기 때문이요 또한 지금부터의 환난은 죄의 값을 치루고 의인의 피를 신원하기 위함이기 때문입니다.

땅에서 의인이 사라졌으니 그 땅은 더 이상 부패함을 면할 수 없음이라. 이어 일곱 재앙을 가진 일곱 천사가 하나님의 진노의 일곱 대접을 땅에 쏟을 때 짐승의 표를 받은 사람들과 그 우상에게 경배하는 자들이 독한 헌데가 나고 물들이 피가 되고 불로 사람을 태우고 아픈 것과 종기로 사람들을 괴롭혔습니다. 이를 보고 천사와 제단이 말하길 하나님의 심판이 의로우시다 하였으니 이는 사단의 악이 의인의 희생으로 충분히 나타난 다음에 이러한 재앙이 왔기 때문입니다. 그러나 사람들은 태워지고 아파도 하나님의 이름을 훼방하며 저희 행위를 회개치 아니하였으니 이 또한 그들에 대한 심판이 의로운 판결임을 나타내는 증거라.

여섯째 대접이 쏟아져 동방에서 오는 왕들의 길이 유브라데에 예비되고 용과 짐승과 거짓 선지자의 입에서 나온 귀신의 영이 아마겟돈이라 하는 곳으로 온 천하 임금들을 모아 하나님 곧 전능하신 이의 큰 날에 전쟁을 준비하니 일곱째 대접이 쏟아질새 가증한 것의 어미인 음녀 곧 임금들을 다스리는 큰 성 바벨론이

폐망하고 만국의 성들도 무너지고 각 섬과 산악도 없어졌습니다. 이때 하늘과 성도들과 사도들과 선지자들이 기뻐하리니 그들의 피를 신원하시는 복수가 마침내 행해졌기 때문이라.

　이로써 악인과 의인의 길이 갈라졌으니 그들의 행실과 희생으로 하나님의 심판이 의로운 심판임을 증거 한 의인들은 곧이어 어린 양의 혼인 잔치에 초대되어 첫째 부활로 일어나 천년 왕국에 들어가 그리스도와 함께 왕 노릇할 것이나 짐승과 거짓 선지자는 백마 탄 자에 의해 잡혀 유황불 붙은 못에 던져지고 용도 쇠사슬에 결박되어 천년 동안 무저갱에 잠겨 더 이상 세상을 미혹하지 못하게 될 것입니다.

　천년 후에 사단이 잠시 풀려날 때 있을 곡과 마곡의 전쟁이 지나면 바다와 사망과 음부가 그 가운데서 죽은 자를 내어주는 둘째 부활이 올 것이요 이들은 자기의 행위대로 심판을 받을 것이니 이는 백보좌 심판이라. 생명책에 기록된 대로 심판을 받을 것이라 하였은즉 생명책에 기록되지 못한 자와 사망과 음부도 불못에 던져지리니 곧 둘째 사망입니다.

　이후에 새 하늘과 새 땅이 보이며 거룩한 성 새 예루살렘이 하나님께로부터 하늘에서 내려와 하나님이 저희의 눈물을 씻기시며 사망과 애통과 아픔이 없이 저희와 함께 거하시리니 처음 것들이 다 지나갔음이라. 하나님이 만물을 새롭게 하시며 가라사대 이기는 자는 이것들을 유업으로 얻으리라 나는 저의 하나님이 되고 그는 내 아들이 되리라하셨으니 바로 만유가 하나가 되는 것이요 하나님과 사람이 삼위의 사랑으로 사랑하게 되는 것이요 스스로 계신 자가 사람을 사랑함이 모순이 아니라 하나임이 마침내 드러나는 것입니다.

# 8

　　•• 앗수르와 바벨론이 하나님을 대적하는 자에 의해 한때 쓰임을 받았다 하여 이들이 하나님의 원수가 됨은 아니니 아담이 뱀의 유혹을 받아 범죄하였다 하여 사탄이 되지 아니하고 우리가 유혹을 받아 범죄하였다 하여 사탄이 되지 아니함과 같습니다. 오히려 앗수르와 바벨론과 이스라엘 주위의 모든 이웃 족속들은 이 당시 하나님의 공의로운 책망과 역사하심을 경험한 뒤 점차 그들이 섬기던 모든 신을 버리게 되었고 하나님의 예언대로 이들 모두가 여호와를 알게 되어 여호와만을 섬기게 되었으니 그들이 부르는 여호와의 이름은 알라.

　　알라를 섬기는 사람들을 하나님의 원수라고 생각하지 마십시오. 이들은 하나님이 아담을 지으시고 아브라함을 택하여 다윗과 솔로몬과 예수를 보내셨다고 믿는 자들이요 예수가 유다를 깨우치려 이 세상에 왔다가 유다의 강퍅함으로 죽임을 당한 뒤 다시 살아나 하늘로 올라가셨다고 믿는 자들입니다. 그러나 이들은 예수가 하나님의 아들임을 믿지 않으니 곧 예수가 동정녀에게서 나셨고 예수의 죽음이 모든 인류를 위한 속죄제이며 예수가 아버지께로 가신 뒤 보혜사 성령이 우리에게 왔음을 믿지 않는 것입니다. 이들처럼 하나님은 믿으나 예수를 믿지 않는 사람들이 또 하나 있으니 바로 유대교를 믿는 사람들입니다. 유대교를 믿는 사람들을 사탄의 무리라 부르지 않은즉 어찌 알라를 믿는 사람들을 하나님의 원수라고 하리요.

그러나 알라를 믿는 사람들은 이르길 유대인과 기독교인들을 경계하고 이들이 알라를 믿는 자들과 거래를 하고 있지 않는 한 죽이는 것이 합당하다고 합니다. 그 이유로 그들은 말하길 유대인과 기독교인은 하나님을 진정 이해하려거나 믿으려 하지 않고 자신의 이익과 욕심을 위해 하나님을 이용만 하는 위선자들이기 때문이라고 합니다. 이러한 주장이 하나님의 원수에 의해 주어졌든 사람의 생각에 의해 만들어졌든 무론하고 우리는 이를 이해할 수 있음은 구약의 이스라엘 시대에 그 주변 족속들이 이스라엘 백성을 향해 가졌던 마음이 지금도 계속 되고 있기 때문입니다.

이들 주변 족속들은 구약 시대를 지나며 이스라엘의 하나님은 살아계시며 모든 신 위에 뛰어난 유일한 신임도 알게 되었고 그래서 이제 이들은 매일 하나님이 율법에 주신 선한 삶과 규례를 지키고 있으나 오히려 이스라엘은 옛날에도 그랬듯이 아직까지도 하나님 앞에서 강퍅하고 주위의 족속들에게 계속 교만하다고 여깁니다. 이렇듯 이들은 이스라엘의 행실이 하나님 앞에서 옳지 않다고 정죄하며 이스라엘을 하찮게 여기니 여호와는 두려워하면서도 이스라엘은 두려워하지 않았던 블레셋도 한 때 그러하지 않았습니까.

이제 세상에 하나님과 예수를 믿는 기독교와 예수는 믿지 않으면서 하나님만 믿는 유대교 및 이슬람교를 허락하셨음은 세상으로 하여금 예수를 묵상하게 하려는 하나님의 경륜입니다. 세 종교 모두가 하나님의 나라를 말하고 공의를 행하려고 하나 예수의 피로 의인이 된 후 그 증거로 공의를 행한다하는 자와 예수 없이도 말씀을 읽고 깨달아 하나님의 이름을 부르면 모든 죄가 사하여지고 스스로 규례를 지키고 선행을 할 수 있다고 하는 자 사이에는 오직 예수가 있으니 세상이 말세 전에 예수를 묵상함은 곧 값없이 의롭다함을 입은 것과 스스로 율법을 지켜 의로워지는 것을 묵상함이요 예수로 나타난 하나님의 의가 어떤 능력이 있는지를 상고함이라.

세상이 이 세 종교의 믿음을 보고 각각의 믿는 자들이 행하는 행위를 목격하는 중에 예수가 그들에게 더욱 알려지고 예수로 나타난 하나님의 의도 그들에게 확연히 이해될 것인즉 유대교와 이슬람교를 믿는 자들은 예수의 이름이 널리 퍼지는 데 크게 쓰임을 받는 자들입니다. 이 쓰임을 받은 후에는 바울의 기도대로 이스라엘이 예수를 받아들여 공의를 행하게 되고 이처럼 의롭게 된 이스라엘을 보며 알라를 믿는 자들도 이스라엘을 그들의 형제라 부르게 되기를 기도해야 합니다. 그 날에 이스라엘이 애굽 및 앗수르와 더불어 셋이 세계 중에 복이 되리니 이는 만군의 여호와께서 복 주시며 이르시되 내 백성 애굽이여, 내 손으로 지은 앗수르여, 나의 기업 이스라엘이여 복이 있을지어다 하시지 않았습니까.

## 하나님의 나라

1판 1쇄 인쇄 _ 2017년 6월 10일
1판 1쇄 발행 _ 2017년 6월 20일

**지은이** _ 강소망
**펴낸이** _ 이형규
**펴낸곳** _ 쿰란출판사

**주소** _ 서울특별시 종로구 이화장길 6
**편집부** _ 745-1007, 745-1301~2, 747-1212, 743-1300
**영업부** _ 747-1004, FAX 745-8490
**본사평생전화번호** _ 0502-756-1004
**홈페이지** _ http://www.qumran.co.kr
**E-mail** _ qrbooks@gmail.com / qrbooks@daum.net
**한글인터넷주소** _ 쿰란, 쿰란출판사
**등록** _ 제1-670호(1988.2.27)
**책임교열** _ 최진희·신영미

© 강소망 2017   ISBN 979-11-6143-018-8   03230

책값은 뒤표지에 있습니다.
이 출판물은 저작권법에 의해 보호를 받는 저작물이므로 무단 복제할 수 없습니다.
파본(破本)은 구입처에서 교환해 드립니다.